PROG白書2024

ジョブ型雇用への処方箋：企業人4000人の働き方志向・仕事能力・学び行動調査

PROGRESS REPORT ON
GENERIC SKILLS

リアセックキャリア総合研究所 監修
PROG白書プロジェクト 編著

はじめに

　大学生のジェネリックスキルを測定する「PROG」は、学校法人河合塾と株式会社リアセックが共同で開発し、2012年4月にスタートしました。次に高大接続教育改革を視野に入れた高校生版PROG「PROG-H」を開発し、そして4年前、企業向けに従業員の仕事能力と職業志向を測定するツールとして「PROG-@Work」をリリース。この社会人版PROGがリリースできたことにより、個人が獲得してきた汎用的能力（ジェネリックスキル）を高校生から大学生、そして社会人へと一貫してその能力を同じモノサシで見える化できるようになりました。メインの大学・短大での利用は2024年3月末時点で、累計受験者数180.1万人、利用実績校数554校に達しました。高専などその他の学校群や企業利用まで含めた総受験者数は累計199.4万人に上ります。後発の高校生版PROG（PROG-H）の受験者数も累計63.7万人に達しています。ここまで浸透したのは大学関係者や高校関係者、学生のご理解やご支援がいっそう進んだことの賜物と思い、この場を借りて皆様に感謝申し上げます。

　さて、前回の白書では学生時代に身に付けた専門知識やジェネリックスキルがどのように現在の仕事に繋がっているかを調査しました。これは大学時代にPROGを受検した全国の大学の中から、13大学の協力を得て可能となり、その分析結果から大学で身に付ける能力のうちコンピテンシーの重要性が明らかとなりました。この内容は『PROG白書2021－大学教育とキャリアの繋がりを解明－』に詳しく述べられています。

　そして今回は、現在のジェネリックスキルや専門知識と仕事能力との関係を解明しようと試みました。そのためには現在働いている方々のジェネリックスキルを測定する必要があります。ネットモニターを対象にWebでの簡易版PROGテストを受検していただきました。テスト結果の妥当性の検証は困難を極めましたが、予定の倍以上の方々に受検していただき、最終的に4000人の有効回答を得ることができました。この4000人を対象に仕事や職場

環境、仕事に関する学び、そして昨今話題となっているジョブ型雇用などの働き方志向についてアンケート調査を実施しました。

　今回の白書は企業の経営者や人事担当者を主な読者対象として企画していますが、背景には、経済産業省が取りまとめた「人的資本経営の実現に向けた検討会」（座長：一橋大学名誉教授　伊藤邦雄氏）での『人材版伊藤レポート2.0』（2022年5月）があります。これが公表されて以降、「人的資本」の重要性を認識するとともに、人的資本経営に向けた情報の開示、経営改革などに注目が集まってきました。同時にDXの急速な進展に伴ってさらなる人材の流動化が求められることや、コロナ禍を契機に働き方の多様化が顕在化したことにより「ジョブ型雇用」への関心が高まってきました。働く人が希望するのは組織としてジョブ型雇用なのか、あるいはメンバーシップ型雇用か。ジョブ型雇用を希望する人はどのような職場環境でパフォーマンスを発揮するのか。また、組織や仕事へのエンゲージメントは変わるのか。さらに、仕事で求められるスキルの急激な変化に対し、個人の学び行動や企業のリスキリングはどのように対応すべきかなど、課題が山積みです。

　調査はこれらの構造や関連を把握するためのものです。そのベースには、過去のすべての『PROG白書』の蓄積として得られた基本的知見があります。すなわち、個人のキャリアの成功に欠かせないのは、キャリア自律とその基盤にある非認知能力だということです。

　また、調査企画の段階では話題にもなっていなかったのですが、米オープンAIが2022年11月30日に「ChatGPT」のプロトタイプを公開し、1年も経たないうちに生成AIが一大ブームとなったことがあります。従来は難しいと考えられていた創造的作業も担えることを映像コンテンツなどで証明してみせた生成AIが、幅広い業種で日常の仕事環境へと普及することにより、多くの職場で人間とAIの共存関係が問われそうです。専門的な知識や分析力、さらに創造性などの能力を生成AIが代替していくとなれば、ジェネリックスキル、さらにコンピテンシーなどの非認知能力の重要性がますます高まりそうです。

　したがって今回の白書は企業の経営者や人事関係者にとって、今後の人材

マネジメントを考えるうえで有益なエビデンスが盛りだくさんです。是非、それぞれの企業目線で今回の結果をご覧いただき、自社の立ち位置や今後の経営戦略、人事戦略に活かしていただければと思います。

　最後になりますが、今回の白書の企画段階から貴重なアドバイスを頂いた石原直子さん（株式会社エクサウィザーズ　はたらくAI＆DX研究所 所長）、岩脇千裕さん（独立行政法人労働政策研究・研修機構 主任研究員）、濱中淳子さん（早稲田大学教育・総合科学学術院 教授）にこの場を借りて御礼申し上げます。また、膨大なアンケートデータの集計・分析を担当していただいた武藤浩子さん（早稲田大学　非常勤講師）にも合わせて御礼申し上げます。そして、難解なPROGテストと詳細なアンケートにご回答いただいた4000名のモニターの方々にも、ご協力の御礼を申し上げます。

リアセック　キャリア総合研究所

所長　角方正幸

目 次

第1部

現状把握編

―企業人の仕事・能力・
学びと働き方志向―

第 1 章　調査概要

1-1　調査の目的 ･･

──企業人の仕事・能力・学びと働き方志向相互の関係を解明

　リアセックが河合塾と共同開発した PROG は、大学生のジェネリックスキル測定・育成を主な目的に開発され、大学生のキャリア教育・キャリア育成支援、教学全般の改革に活用されてきた。

　一方、PROG が測定するジェネリックスキルは「社会人（職業人）に求められる」ものを想定しているので、PROG は、企業が人材育成などの施策を考える上で有用なものとなりうる。そこで今回の『PROG 白書2024』では、企業で働く全国4000人への調査を実施し、企業人の仕事・能力・学びと働き方志向相互の関係を明らかにすることを目指した。

　2023年 8 月に実施した全国調査は、25歳から49歳までの、企業で働く男女4000人を対象とし、仕事や学びに関する質問紙調査と、簡易版 PROG によるリテラシー（認知能力）、コンピテンシー（非認知能力）調査を併せて行ったものである。前者には、働き方に関する近年の大きなトピックであるジョブ型雇用についての設問を含めている。この「企業人調査」の狙いは、企業で働く社会人が現時点で保有するジェネリックスキル（汎用的能力 / 社会人基礎力）の実態を捉え、それが仕事評価や満足度、そしてキャリア自律とどのように関係しあっているかを、さまざまな角度から分析することにある。

　企業によって社員の傾向は異なる。この調査をベンチマークにして、各企業において同様の調査を行うことで、社員の能力や働き方志向、学習行動などの傾向を統計的に確認することができる。

1-2　調査内容と分析方法 ･････････････････････････

　若手社会人約1500人の調査を分析した『PROG白書2021』では、学ぶと働くをつなぐ見地から「大学時代のどのような学習や経験が、卒業後のジェネリックスキル発揮に繋がるか」という広い観点に立ち、在学中の学習・経験だけでなく、入学前に規定される属性、卒業後の経験の要素を分析に加えた。今回はその分析フレームの延長線上で、「どのような能力を持ち、どのような学びをすれば仕事評価や仕事満足度が高くなるのか」を目的に分析を行う。

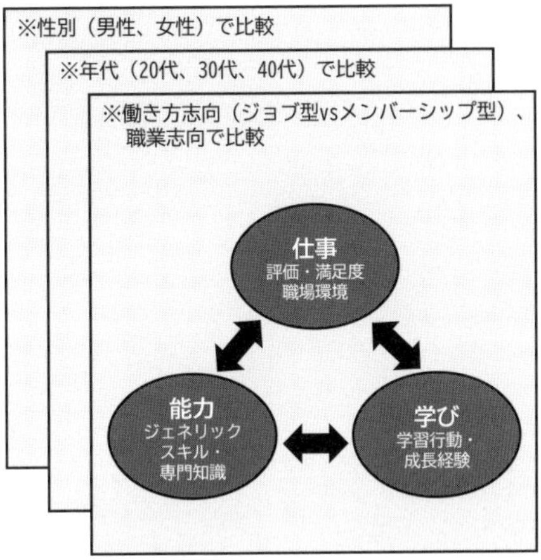

　図表1-1のうち「学び」は、通学、セミナー受講など、仕事に関する「学習行動」、および「成長を促した仕事経験」からなる。「能力」は、「現在保有しているジェネリックスキル（認知・非認知能力）」を定量化した客観指標であるPROG（簡易版）スコアを用いている。そのことにより、「仕事」「学び」の主観指標だけではない、客観的データに基づいた解析を可能にしている。

図表1-1　分析のフレームワーク

※性別（男性、女性）で比較

※年代（20代、30代、40代）で比較

※働き方志向（ジョブ型vsメンバーシップ型）、職業志向で比較

仕事
評価・満足度
職場環境

能力
ジェネリック
スキル・
専門知識

学び
学習行動・
成長経験

　「仕事」には多くの要素が含まれており、その要素間の関連も分析の対象とする。主な要素としては、仕事評価、仕事（職場）満足度といった「成果」、仕事裁量の有無や心理的安全性などの「職場環境」、仕事意欲の有無、キャリア自律など「自身の状況」がある。

　『PROG白書2021』の分析が過去（大学卒業まで）から現在（卒業後3～5年め）への関連が中心だったのと異なり、能力、学び、仕事のいずれも主に「現在」のものであり、関連性は相互のものとなる。図表1-1では関連の相互性を「両向きの矢印」で示している。

　これら相互がどのように関係しあっているのか、さらにその関連の仕方が

働き方志向（ジョブ型かメンバーシップ型か）や属性（年代、性別など）によってどう異なるのかを、データを使って検証しようとしているのが、図表1-1に示した調査に基づく研究全体の俯瞰図である。

　この分析のために、調査票を図表1-2のように設計した。

図表1-2 アンケート調査項目

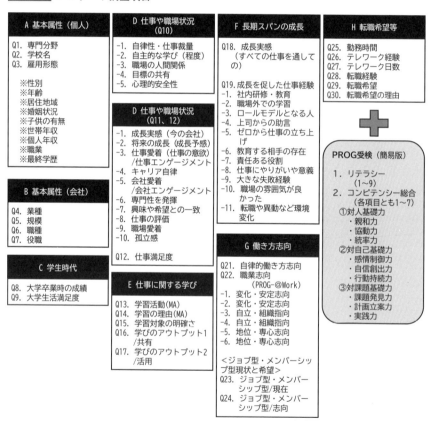

注）※印はモニター保有会社より。調査票の詳細は巻末付表4を参照。

　A群の「基本属性（個人）」、B群の「基本属性（会社＝現在の勤務先）」に続き、C群では大学の学業成績（主観評価）と大学生活満足度を尋ねてい

る。『PROG白書2021』では大学卒業時の成績（客観評価）が仕事評価（主観評価）と正の相関があること、大学生活満足度がリテラシー、コンピテンシーの伸長にさまざまな形で影響していることが分かっている。それを踏まえて、大学時代についての設問をこの2つとした。

D群は「仕事・職場の現在の状況」を聴くもので、Q10では主に職場の環境を、Q11ではその中での自身の状況を、それぞれ複数の設問で尋ねている。Q11-1成長実感は、現在の職場で成長できたかを問い、今までの職歴全体での成長実感を問うQ18とは異なる。Q11-2は「成長予感」であり、働き方志向や転職意向、仕事満足度と相互に影響することが考えられる。Q11-3は「仕事エンゲージメント」、Q11-5は「会社エンゲージメント」の指標として使用する。Q11-4キャリア自律の設問文設定にあたっては、リクルートワークス研究所（2019）「人生100年時代のライフキャリアを科学する『キャリア曲線を描く調査』分析報告書」を参考にした。

Q12は「仕事満足度」として扱うが、現在の職場での仕事の満足度を尋ねており、「職場満足度」ともいえる性質のものである。E群は「仕事に関する学び」で、社外の講座、通信教育、eラーニングなど学習活動の種類（Q13）、理由（Q14）、学んだことを他の人と共有しようとしているか（Q16）、仕事に役立てようとしているか（Q17）などを聞いている。

F群「長期スパンの成長」では、Q18で職歴すべてを通じての成長実感を尋ねた上で、どんな経験によって成長できたかをQ19で聞いている。

G群「働き方志向」はQ21で自律的働き方をしたいか、Q24でジョブ型・メンバーシップ型どちらの働き方をしたいかの志向を聞いている。ジョブ型・メンバーシップ型は「ジョブ型雇用は、業務範囲が明確で、業務成果で給与が決まる／メンバーシップ型雇用は、業務範囲は流動的で、勤続年数や年齢によって給与が決まる」と示したうえで、現在の職場がどちらに当てはまるかも合わせて聞いている（Q23）。

Q22は社会人版PROG「PROG-@WORK」で測定している職業志向分類の設問を利用して、「変化・安定」「自立・組織」「地位・専心」のどちらに志向が近いかを聞いたものである。

図表1-3 G群「働き方志向」の設問について

調査票項目	設問	選択肢
Q21. 自律的働き方志向	あなたは自分の働き方（職務や業務）を自分で決めたいと思いますか。	とてもそう思う ややそう思う どちらともいえない あまりそう思わない まったくそう思わない
Q22. 職業志向 　　例：Q22-1 　　（「変化・安定」の設問）	あなたが望む働き方はA側・B側のどちらにより近いか、当てはまるものを選択肢の中から選んでください。 【A】常に新しいことに挑戦するような刺激の多い環境で仕事をすること 【B】葛藤やストレスのない心穏やかな環境で仕事をすること	Aの方がよく当てはまる どちらかといえばAの方が当てはまる どちらかといえばBの方が当てはまる Bの方がよく当てはまる
〈ジョブ型・メンバーシップ型現状と希望〉 　　例：Q23（現状）	あなたの会社は、どちらの雇用形態をとっていると思いますか。 【A】ジョブ型雇用←→【B】メンバーシップ型雇用 A：ジョブ型雇用は、業務範囲が明確で、業務成果で給与が決まる B：メンバーシップ型雇用は、業務範囲は流動的で、勤続年数や年齢によって給与が決まる	

　H群は「転職」に関する設問で、他の設問群と関連付けて分析することで、企業のリテンション施策に役立てることができるだろう。

　なお、Q8～Q12、Q15～Q21、Q29の選択肢は「どちらともいえない」を含む5段階、「A側・B側のどちらにより近いか」を聞くQ22～Q24は「どちらともいえない」を含まない4段階である。

　ここまでのアンケートに加え、現在のリテラシー、コンピテンシーを測定するPROGテストを受検してもらった。通常の社会人版「PROG-@WORK」から設問を減らした簡易版である。

　PROG（Progress Report On Generic Skills）は、専攻・専門にかかわらず大卒者として社会で求められる汎用的な能力・態度・志向、つまりはジェネリックスキルを育成・評価するためのものである。ジェネリックスキルを「リテラシー」「コンピテンシー」の両面から客観的に測定するPROGテストの設問は、現実的な場面を想定して作成され、実際に知識を活用して問題を解決することができるか（リテラシー）、実際にどのように行動するのか

（コンピテンシー）を測定する。

　2012年にスタートし、多くの大学での継続的な実施によってさまざまな知見をもたらしてきた。さらに、大学教育の枠を越えて産業界と教育界をつなぎ、人材育成に関する一体的な取組の流れを作る方向にも展開している。

　PROG スコアは、ジェネリックスキルを「リテラシー」「コンピテンシー」の両面から測定する PROG テストによって得られる評価値である。

　リテラシーとは「知識を活用して問題解決する力」と定義することができ、PROG テストにおいては「情報収

**図表 1-4　PROG テストで測定する
ジェネリックスキル**

リテラシー	問題解決力	情報収集力 情報分析力 課題発見力 構想力
	言語処理能力	
	非言語処理能力	
コンピテンシー	対人基礎力	親和力 協働力 統率力
	対自己基礎力	感情制御力 自信創出力 行動持続力
	対課題基礎力	課題発見力 計画立案力 実践力

※今回の調査ではリテラシーの要素別のスコアは算出していない。

集力」「情報分析力」「課題発見力」「構想力」の４つの能力を測定対象とし、今回の社会人版ではそれぞれ７ランク（リテラシー総合は９ランク）で段階評価している。（大学生版では４つの能力は５ランク、リテラシー総合は７ランク）。

　コンピテンシーの定義は「経験を積むことで身についた行動特性」とすることができる。PROG テストでは３つの大分類「対人基礎力」「対自己基礎力」「対課題基礎力」の下に９つの中分類、さらに各中分類を構成する33の小分類というコンピテンシー構成概念のもと、それぞれ７ランク（小分類は５ランク）で段階評価している（ランクは社会人版と大学生版共通）。

　リテラシーは設定された状況の下で最も適切な解（妥当解）を答えるもので、正解が存在する。コンピテンシーは優劣の付け難い２つの行動や考え方の一方を強制選択させるもので、若手リーダー候補（35歳までに役職に就いている、または実質管理しているメンバーが複数いる人達）に特徴的な選択（判断基準）との合致度を見るとこで能力ランクを規定する。リテラシー、コンピテンシーとも外的基準によって正誤が判定されるという意味で、客観的な測定ということができる。

1-3　調査対象者の概要 ······························

（1）本調査について

　今回の調査はマクロミルのネットモニターを利用して行った。調査概要は以下のとおり。

調査対象者：企業で働く社会人（以下、企業人と呼ぶ）
　　　　　　　男女それぞれ、25歳から49歳まで5歳ごとに400人ずつ（25〜29歳、30〜34歳、35〜39歳、40〜44歳、45〜49歳）、計4000人
　　　　　　　（居住）地域は全国
　　　　　　　最終学歴は高等教育機関卒（短大、高専以上）

実施時期：2023年8月

　対象から公務員を除き「企業人」としたのは、雇用形態やキャリアパス、ひいてはキャリア観が異なるためである。

　PROGでは、「リテラシー」を「知識を活用して問題解決する力」、「コンピテンシー」は「経験を積むことで身についた行動特性」としている。それぞれの構成要素は前出のとおりだが、今回の調査では、リテラシーは総合スコアのみ算出し、分析ではリテラシー・コンピテンシーとも主に総合スコア（リテラシーは9ランク、コンピテンシーは7ランク）を用いる。

（2）分析対象者

　調査対象者の74.3%（2970人）が正社員、25.7%が正社員以外だった（Q3雇用形態による）。本書第1章〜第9章では、基本的に正社員を対象として分析した結果を示す。その基本属性は以下のとおり（図表1-5）。

　年代は25〜29歳（22.2%）、30〜35歳（21.7%）が調査時の割り付け（5つの年齢階級に各20%）よりやや多くなっている。

　性別では男60.7%、女39.3%。女性の非正規率が高いため、正社員でみると女性の回答者が少ない。

　最終学歴は四年制大学卒77.8%。大学院卒が13.2%。

　最終学歴での専門分野は、人文科学系22.4％、社会科学系32.7％、理工系29.0％、医学・薬学7.1％、その他の分野の合計8.8％。

　現在の勤務先の企業規模は、従業員300人以上の企業勤務者が55.0％（分母には企業規模不明の人を含む）と約半数。現在の役職は、一般社員65.7％、主任・係長22.4％、課長以上11.9％。本書では課長以上を「管理職」として扱う。

図表1-5 回答者の基本属性（％）（正社員／n＝2970）

<年代>
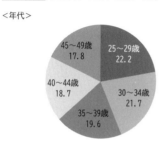

<性別>
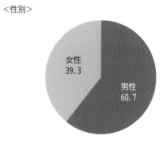

<最終学歴>
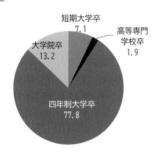

<最終学歴での専門分野>

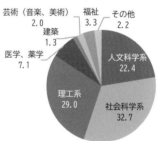

<現在の勤務先の企業規模>
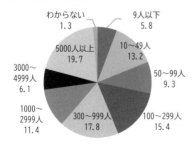

<現在の役職>
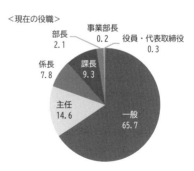

図表1-6 回答者の基本属性（正社員／n＝2970）

＜現在の勤務先の業種＞

	人数	％
農林漁業	12	0.4
建設業	182	6.1
製造業	736	24.8
電気・ガス・熱供給・水道業	46	1.5
情報通信業	299	10.1
運輸業、郵便業	124	4.2
卸売業、小売業	301	10.1
金融業、保険業	186	6.3
不動産業、物品賃貸業	83	2.8
学術研究、専門・技術サービス業	156	5.3
サービス業	358	12.1
教育、学習支援業	91	3.1
医療、福祉	381	12.8
その他	8	0.3
無効回答	7	0.2
合計	2970	100.0

＜現在の勤務先での職種＞

	人数	％
専門職	379	12.8
技術職（IT）	323	10.9
技術職（製造業・その他）	444	14.9
研究職	101	3.4
事務職	969	32.6
営業職	437	14.7
販売職	100	3.4
サービス職	178	6.0
保安職	18	0.6
その他	20	0.7
無効回答	1	0.0
合計	2970	100.0

　業種・職種は図表1-6のとおり。業種コード大分類に基づくが、調査対象外の「公務」は表示から外している。

　職種分類は、技術職をITとそれ以外に分けるなど、独自のものとした。

　個人年収（図表は割愛）では、回答者の約7割（72.6％）が200万～600万円未満。200万円以下が3.5％、1000万円以上が3.4％だった（いずれも分母には年収不明の人を含まない）。

1-4　分析の視点

　まず、【第1部　現状把握編】では、企業人の仕事・能力・学び・働き方志向について、現状を把握する。本調査の特徴は、リテラシー（認知能力）、コンピテンシー（非認知能力）を測っていること、また、ジョブ型雇用、メンバーシップ型雇用に関する調査を行っていることであるが、これらについて現状を把握するための基礎的なデータを示していく。

　第2章「企業人の仕事や職場環境の現状」では、まず企業人の意識と職場環境について確認する。また、キャリア自律（「これからのキャリアや人生

を自分で切り開いていける」かどうか）と仕事満足度、仕事経験と成長実感の関係について検討する。さらに、雇用の流動性が高まる、もしくは、雇用の流動性を高めようという施策がうたれるなか、どのような経験が転職希望を高めるのかについても分析する。ここでは、成長実感（今までの成長）とともに成長予感（将来の成長見通し）がポイントとなることが示される。

　第3章では、リテラシー、コンピテンシーに関わる分析を行う。本調査は、企業人のリテラシーをPROGテストによって測っているが、このリテラシーが仕事にどのような影響を与えているのか、企業規模や職種、業種、仕事評価、学習行動に着目して分析することで新しい視点を与えるものとなるだろう。

　第4章では、企業人の学びの現状、つまり、学習行動の実態や、学ぶ理由、また、企業において重要だと考えられる学んだことをアウトプットするかどうかについて、その現状を示す。

　第5章は、ジョブ型雇用と、メンバーシップ型雇用に関わる章である。いま企業に勤める人々は、ジョブ型雇用企業とメンバーシップ型雇用企業（以下「ジョブ型企業」「メンバーシップ型企業」）についてどのように認識しているのか、また、ジョブ型雇用とメンバーシップ型雇用のどちらを志向しているのか、その現状を示す。そののちに、特にジョブ型雇用に注目して、ジョブ型企業で働いている人、ジョブ型雇用を志向する人の特徴を、仕事評価、仕事満足度、働き方の現状と志向がマッチしているかどうか、などの観点で見ていく。

　【第2部　テーマ別分析編】では、それぞれのテーマに沿って分析をすることで、企業の人事施策、ひいては企業経営全体に有益と思われる情報を示すとともに、そのテーマに関わる提言を行う。

　まず第6章では、企業において、仕事評価が高いのはどのような人なのか、どのような要因が仕事評価に影響を与えるのか、基礎的な分析をしたのちに、パスモデルによって示す。

　第7章では、企業で重視されている社員のエンゲージメントについて、会社エンゲージメントと仕事エンゲージメントの関係について整理したうえ

で、エンゲージメントが高い社員の特徴を示し、仕事エンゲージメントはどのような要因によって成り立つのか、モデルによって示す。

　第 8 章は、管理職はどのような能力を持ち、どのように学び、成長しているのかについて示していく。一般社員と管理職（課長以上）を比較することで、社員育成に関して示唆する。

　第 9 章では、企業における女性活躍をさらに推進するために、女性社員に着目した分析を行う。この分析によって、女性が日本社会や企業においてどのような立場にあるのか、また、管理職となった女性はどのように活躍しているのかを示すことになる。

　ここまでは、正社員を対象としてきたが。第10章は、非正規社員を対象とした分析を行う。現在、非正規社員は、全労働者の約 4 割を占めるまでになっている（総務省「労働力調査」）が、このような非正規社員の学びと、成長の可能性はどのように考えられるのか、企業経営への提言を行うものとなる。

　最後の第11章では、ここまでの分析をまとめた。この4000人の企業人調査によってどのような結果が示され、社員育成や企業経営に対してどのような示唆がなされたのか、その概要を知りたい方は、まず第11章を読んでから、それぞれの章へと読み進んでも良いかもしれない。

　なお、本文で「差がある」と表記している箇所については、「有意差がない／参考に」との断りのない限り、カイ二乗検定で有意差が生じたものである。

企業人の仕事や職場環境の現状

　本章では、正社員（第9章までの分析対象）が、仕事や職場についてどのように認識しているのか確認する。

　職場がジョブ型企業かどうかの認識については、第5章で扱う。

2-1　仕事と職場環境

　仕事や職場環境について尋ねたQ10とQ11のうち、「あてはまる」の割合が最大だったのが「自分で仕事のやり方を決めることができる」で、仕事裁量があると感じている社員が少なくないことがわかる（図表2-1）。

　職場で、「上司を含め周囲の人が仕事の相談に乗ってくれる」「自分の感情や考えを安心して発言できる」と思う回答者はともに半数程度。

　今の職場での仕事を通した成長を感じている回答者が約6割と多いが、対照的に「将来もこの会社で成長し続けることができる」は約3割にとどまる。すでに確定した成長実感よりも、未定の将来の成長予感で「そう思う」数が少ないのは自然なことと言えるが、2倍近い開きはかなり目を引く。

　「いまの職場はよい職場である」も「仕事（職場）に満足している」も、半数程度が「あてはまる」としていることを考え合わせると、過去と現在には肯定的な評価だが、将来に対しては不安、あるいは不透明という傾向が見てとれる。

2-2　キャリア自律と仕事満足度

　キャリア自律とは、自分の職業人生を自分自身でコントロールし選択することをいう。そして「キャリア自律」に必要なのが、エンプロイアビリテ

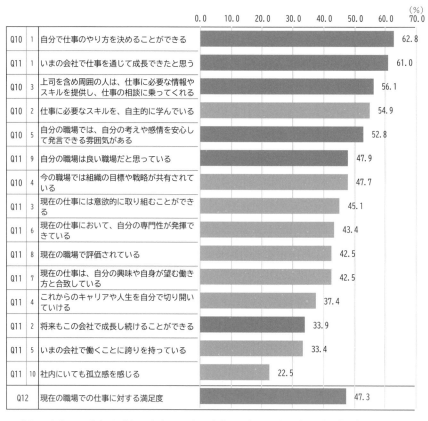

図表 2-1　仕事や職場の状況：それぞれ「あてはまる・計／そう思う・計」の割合
（正社員全体／ n＝2970）

			%
Q10	1	自分で仕事のやり方を決めることができる	62.8
Q11	1	いまの会社で仕事を通じて成長できたと思う	61.0
Q10	3	上司を含め周囲の人は、仕事に必要な情報やスキルを提供し、仕事の相談に乗ってくれる	56.1
Q10	2	仕事に必要なスキルを、自主的に学んでいる	54.9
Q10	5	自分の職場では、自分の考えや感情を安心して発言できる雰囲気がある	52.8
Q11	9	自分の職場は良い職場だと思っている	47.9
Q10	4	今の職場では組織の目標や戦略が共有されている	47.7
Q11	3	現在の仕事には意欲的に取り組むことができる	45.1
Q11	6	現在の仕事において、自分の専門性が発揮できている	43.4
Q11	8	現在の職場で評価されている	42.5
Q11	7	現在の仕事は、自分の興味や自身が望む働き方と合致している	42.5
Q11	4	これからのキャリアや人生を自分で切り開いていける	37.4
Q11	2	将来もこの会社で成長し続けることができる	33.9
Q11	5	いまの会社で働くことに誇りを持っている	33.4
Q11	10	社内にいても孤立感を感じる	22.5
Q12		現在の職場での仕事に対する満足度	47.3

※「あてはまる・計」は「とてもあてはまる」「ややあてはまる」の計、「そう思う・計」は「とてもそう思う」「ややそう思う」の計。以下同様。
※ Q12満足度は「とても満足している」「やや満足している」の計。
※ Q10、Q11は割合が大きい順にソート。

ィ、就職力、キャリア・アダプタビリティの３つの要素であることを、リアセックでは2010年刊の『就業力育成論』以来、一貫して述べている。
　キャリア自律の要素のうち、キャリア・アダプタビリティは、「変化の時代」にこそ必要なキャリア自律の要素である。どんなに能力の高い人でも環境変化まではコントロールできない。計画や予測に反して起こってしまった

出来事に柔軟に対応し、自分の中の気持ちに「折り合い」をつけて、また再び自律を取り戻そうとする力の総称がキャリア・アダプタビリティである。

　もう一つの中心課題であるエンプロイアビリティとは、「雇用される力」をいい、「就職力」を包含している。エンプロイアビリティの注目度が高まった背景には、2001年頃から、産業構造の変化、技術革新の進展や労働者の就業意識・就業形態の多様化に伴い、労働移動が増大し始めたことが背景にある。労働者には、企業内で通用する能力から、企業を超えて通用する能力が問われるようになってきた。

　問われる能力の内容も、特定の職務への習熟よりも、変化への適応能力や問題発見・解決能力、さらには創造的能力等が重視される傾向が続いている。一方で、「ジョブ型雇用へのシフト」が取り沙汰される中では、雇用されるためには特定の職務＝ジョブの経験やスキルが必要、言い換えれば特定の職務能力がエンプロイアビリティを高めるという見方もできる。

　雇用する企業側から見ると「ジョブ型雇用」は、事業分野を問わないDX化を中心に事業構造と組織構造をより柔軟に変化させるのに適した雇用形態と捉えられている面がある。多くの企業が、労働市場の状況や事業環境の変化に対応して年俸制や目標管理制度など、能力・成果重視の人事管理を進めてきた、その延長線上に「ジョブ型雇用」が登場したとも見える。

　ジョブ型・メンバーシップ型を問わず、キャリアは組織（企業）ではなく個人が決めるという組織と個人の関係、すなわちキャリア自律の文脈は共通である。働く個人が「これからのキャリアや人生を自分で切り開いていける」と思えること、企業は個人のキャリア自律を理解し、尊重し、支援しながら人事施策を講じていくことの重要性は今後もますます高まっていく。本書で「キャリア自律」をキーコンセプトの１つとしているのもそのためである。

　ここからは、調査でQ11-4「これからのキャリアや人生を自分で切り開いていける」に「そう思う」とした回答者（正社員の37.4％にあたる1111人）を「キャリア自律している人」とし、キャリア自律と仕事満足度、仕事経験と成長実感、仕事経験と転職希望の関連について検討していく。

　キャリア自律と仕事や職場の状況との関係を見てみると（図表2-2）、まず、キャリア自律している人ほど、仕事満足度が高いことがわかる。キャリアについて自ら考え、それに向けて行動することで、仕事にも満足するようになると考えられる。

　キャリア自律している人は、職場について尋ねるQ10、その職場での自身の状況や気持ちを問うQ11でも、ほとんどの設問で「あてはまる」「そう思う」回答率が、キャリア自律していない人を大きく上回る。「仕事に意欲的（仕事エンゲージメント）」「将来もこの会社で成長できる（成長予感）」「いまの会社で働くことに誇りを持っている（会社エンゲージメント）」をはじめ、「専門性を発揮している」「興味や希望する働き方と合致している」「仕事で評価されている」などで差が大きい。特に「将来もこの会社で成長でき

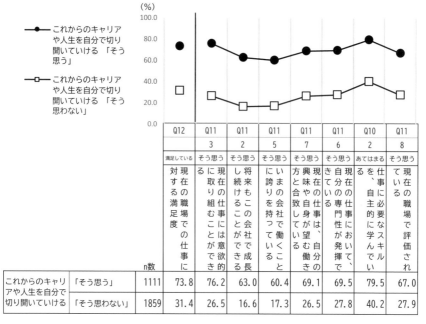

図表2-2　仕事や職場の状況：それぞれ「あてはまる・計／そう思う・計」の割合
（キャリア自律度別／正社員全体／ n＝2970）

		n数	Q12 満足している 現在の職場での仕事に対する満足度	Q11 3 そう思う 現在の仕事には意欲的に取り組むことができる	Q11 2 そう思う 将来もこの会社で成長し続けることができる	Q11 5 そう思う いまの会社で働くことに誇りを持っている	Q11 7 そう思う 興味や希望する働き方と現在の仕事が合致している	Q11 6 そう思う 現在の仕事において、自分の専門性が発揮できている	Q10 2 あてはまる 自主的に学んでいる仕事に必要なスキルを	Q11 8 そう思う 現在の職場で評価されている
これからのキャリアや人生を自分で切り開いていける	「そう思う」	1111	73.8	76.2	63.0	60.4	69.1	69.5	79.5	67.0
	「そう思わない」	1859	31.4	26.5	16.6	17.3	26.5	27.8	40.2	27.9

※ Q10、Q11はキャリア自律度別の差が大きい上位7項目を抜粋し、差が大きい順にソート。

る」はキャリア自律している人の6割以上が「そう思う」としているのに対し、キャリア自律していない人で「そう思う」のは2割以下と、大きな差が付いている。また、自主的学びをしている人が多いのもキャリア自律している人の特徴である。

　次に、キャリア自律している人は、どのような働き方を志向しているのかを見てみる（図表2-3）。Q21「働き方（職種や業務）は自分で決めたいか」では、キャリア自律している人の9割以上が「そう思う」と答えている。当然の結果とも言えるが、キャリア自律していない人でも8割近くが「そう思う」であり、さほど顕著な特徴ではないとも思える。設問文のやや

図表2-3 働き方志向：それぞれ「そう思う・計／あてはまる・計」の割合
（キャリア自律度別／正社員全体／n＝2970）

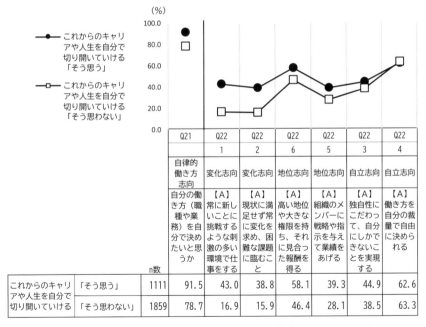

		n数	Q21 自律的働き方志向 自分の働き方（職種や業務）を自分で決めたいと思うか	Q22 1 変化志向 【A】常に新しいことに挑戦するような刺激の多い環境で仕事をする	Q22 2 変化志向 【A】現状に満足せず常に変化を求め、困難な課題に臨むこと	Q22 6 地位志向 【A】高い地位や大きな権限を持ち、それに見合った報酬を得る	Q22 5 地位志向 【A】組織のメンバーに戦略や指示を与えて業績をあげる	Q22 3 自立志向 【A】独自性にこだわって、自分にしかできないことを実現する	Q22 4 自立志向 【A】働き方を自分の裁量で自由に決められる
これからのキャリアや人生を自分で切り開いていける	「そう思う」	1111	91.5	43.0	38.8	58.1	39.3	44.9	62.6
	「そう思わない」	1859	78.7	16.9	15.9	46.4	28.1	38.5	63.3

※ Q22はキャリア自律度別の差が大きい順にソート。また【A】の対になる【B】の項目は
巻末付表4を参照。以下同様。

似ている Q22-4「【A】働き方を自分で決めたい／【B】組織の中で力を発揮したい」を選択させる設問では「自立・組織」の志向に差がない（わずかだがキャリア自律していない人の方が「働き方を自分で決めたい」が多い）ことを考え合わせると、自らキャリアを切り開いていけるという自信ないしは実感のない人にも「職種や業務は自分で決めたい」「他人（会社）に決められたくない」という感覚は広がっているようだ。

　Q22の他の設問では、キャリア自律している人は、「刺激的な環境で仕事をしたい」という変化志向があり、「高い地位や報酬を得たい」という地位志向も見られる。「自立・組織」志向には、キャリア自律している人の特徴はあまり表れていない。前述のとおり、Q22-4ではキャリア自律している人とそうでない人との間に差がなく、Q22-3「【A】自分ならではの仕事をしたい／【B】仲間と協力して目標に向かいたい」でも、キャリア自律している人のほうが自立志向が高いが、他の設問に比べると大きな差ではない。

　キャリア自律している人の約55％がジョブ型企業で働いていて（Q23）、約66％がジョブ型雇用を志向している（Q24）。全体では、ジョブ型企業で働いている人の方がやや少なく（47.2％）、ジョブ型雇用を志向する人は約60％なので、キャリア自律している人の特徴がややあるようだ。

2-3　仕事経験と成長実感

　今の職場での仕事を通した成長を感じている回答者が約6割と多いことは2-1で述べたが、前職を含めすべての仕事経験を通して成長したと感じている回答者も同様に多い（図表2-4）。

図表2-4 すべての仕事を通じた成長実感
（正社員全体／単一回答／n＝2970）

とても成長したと思う	成長したと思う	どちらともいえない	あまり成長していないと思う	まったく成長していないと思う
14.5	56.9	17.8	7.5	3.3

成長したと思う・計 71.4％

　では、どのような経験で成長を感じているのか（図表2－5）。回答が多かったのは「責任のある仕事（役割）」や「仕事のやりがい・意義」だった。自らやらなければならない責任がある立場に置かれること、また仕事にやりがいを見出し自ら何かを行うことで、成長を感じるものと考えられる。

図表2－5　成長を促した仕事経験（成長を実感している正社員／n＝2872／複数回答）

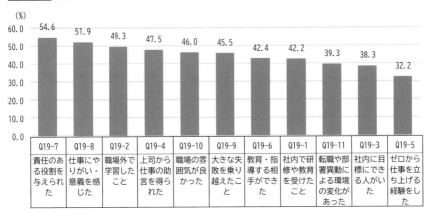

※集計母数は「まったく成長していないと思う」を除いた計。
※割合が大きい順にソート。

2-4　仕事経験と転職希望

　いま転職を希望している人は「とても・ややそう思う」の計で正社員の40.1％、「どちらともいえない」を含めると62.6％にのぼる。では（この人たちは）何を転職希望理由としてあげているのか（図表2－6）。筆頭にあがるのは給料への不満だ。また、会社の将来に不安があったり、昇給が望めなかあったり、ということも転職理由としてあげられている。

　今回の調査では仕事上の経験・認識について、「仕事裁量がない」「上司などが仕事の相談に乗ってくれない」「組織の目標が共有されていない」「安心して発言できない」「キャリアを切り開けない」「会社エンゲージメントが低い」「専門性を発揮していない」「職場で評価されていない」「良い職場では

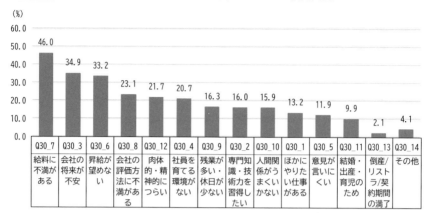

図表2-6 転職したい理由（転職希望の正社員／n＝1859／複数回答）

※集計母数の「転職希望」は「あまりそう思わない」「まったくそう思わない」を除いた計。
※割合が大きい順にソート。

ない」「孤立感がある」「仕事満足度が低い」など、多くの要素が転職希望と
関連していたが、とくにここで注目したいのは「成長実感」「成長予感」「希
望する働き方との合致」だ。図表2-7に示すとおり、今の会社では「成長
できていない」「将来、成長できない」「自身が望む働き方と合致していな
い」と認識している回答者に転職希望が多い。

　「仕事に意欲を持って取り組んでいない（＝仕事エンゲージメントが低
い）」ことも転職希望理由としては大きいようだ。一方で、転職を希望して
いる人は、仕事エンゲージメントが低いわりには自主的な学びをしている傾
向もある。現在の仕事に意欲は持てないが、次の仕事に向けて学んでいると
いうことだろうか。

　また、「現在ジョブ型企業で働く人の方が転職希望がやや多い」「ジョブ型
雇用志向の人のほうが転職を希望する」という傾向もある。これは第5章で
別途検討する。

図表2-7 転職希望の割合（仕事や職場の状況別／正社員全体／単一回答）

		Q29. 現在の転職希望	
		転職したい	転職したくない
	(%)		
全体	(n=2970)	40.1	59.9
Q11-1. いまの会社で仕事を通じて成長できたと思う　そう思う	(n=1813)	34.0	66.0
そう思わない	(n=1157)	49.6	50.4
Q11-2. 将来もこの会社で成長し続けることができる　そう思う	(n=1008)	20.4	79.6
そう思わない	(n=1962)	50.2	49.8
Q11-7. 現在の仕事は、自分の興味や自身が望む働き方と合致している　そう思う	(n=1261)	27.0	73.0
そう思わない	(n=1709)	49.8	50.2

※ 「転職したい」は「とてもそう思う」「ややそう思う」、「転職したくない」は「どちらともいえない」「あまりそう思わない」「まったくそう思わない」の計。

★まとめ

1. 仕事裁量があり、今の会社で仕事を通した成長を感じている企業人（正社員）が少なくない。しかし、この先も成長できるかどうかは分からないと感じている社員は多く、「成長実感」と「成長予感」には大きな差がある。

2. キャリア自律している人ほど仕事満足度は高い。

3. 責任のある役割、やりがいのある仕事などによって、成長を感じている。

4. 「成長実感」「成長予感」「希望する働き方との合致」が得られない人に転職希望者が多い。

コラム1

社員が「将来も成長できる」と思う企業の特徴とは

　第2章で、「成長予感（将来もこの会社で成長できると思える）」について、「成長実感」と比べて「そう思う」回答がかなり少ないことや、「成長予感」の有無によって転職を希望する割合に大きな差があることを述べた。一般論として、仕事の上で将来が明るく見えるかどうかは、仕事の意欲や学習意欲、ひいては生産性や企業業績にかかわってくると考えられる。また、社員が「将来も成長できる」と思う企業（職場）にすることは、定着率を高める（離職率を下げる）ために有効と推測できる。

　本調査のQ11-2「成長予感」は、回答者が成長予感を抱いているかどうかの認識だが、「この会社なら自分は将来も成長していける」という、回答者から職場への評価と見ることもできる。ここではデシジョン・ツリー（決定木）という手法を用いて、社員が「将来も成長できる」と思う企業の特徴に関する分析を行う。

　デシジョン・ツリー分析は、目的変数に影響する説明変数を見つけ、その構造を樹木状のモデルで示すものであり、ここでは「将来も成長できる」企業（目的変数）に影響する説明変数を調査項目から見つけ、その関係を構造的に把握する。この手法には、特定の条件下で効果が発揮される要因も、その条件を抽出できるという特徴がある。例えば、仕事満足度が高いという特定の条件下で、どの調査項目で成長予感の有無の差が見られるかといったことである。

　成長予感を最も左右するのは総合的な仕事満足度だが、分析を掘り下げると、キャリア自律など、いくつかの要素が影響していることが分かる。

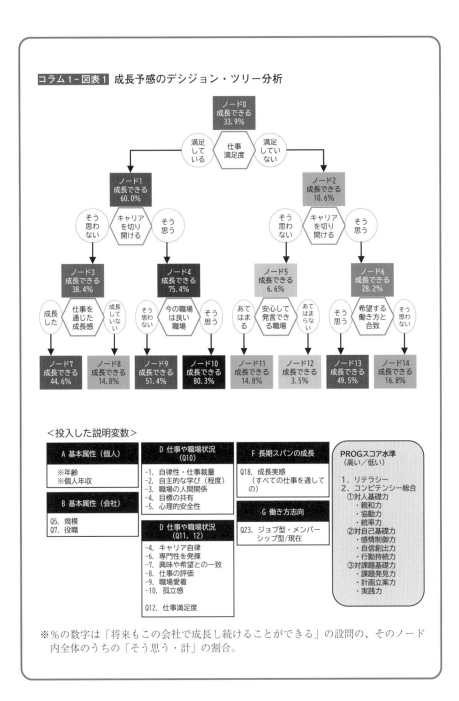

コラム1-図表1 成長予感のデシジョン・ツリー分析

<投入した説明変数>

A 基本属性（個人）
※年齢 ※個人年収

B 基本属性（会社）
Q5. 規模 Q7. 役職

D 仕事や職場状況 （Q10）
-1. 自律性・仕事裁量 -2. 自主的な学び（程度） -3. 職場の人間関係 -4. 目標の共有 -5. 心理的安全性

D 仕事や職場状況 （Q11、12）
-4. キャリア自律 -6. 専門性を発揮 -7. 興味や希望との一致 -8. 仕事の評価 -9. 職場愛着 -10. 孤立感 Q12. 仕事満足度

F 長期スパンの成長
Q18. 成長実感 （すべての仕事を通して の）

G 働き方志向
Q23. ジョブ型・メンバー シップ型/現在

PROGスコア水準
（高い／低い）

1. リテラシー
2. コンピテンシー総合
　①対人基礎力
　　・親和力
　　・協働力
　　・統率力
　②対自己基礎力
　　・感情制御力
　　・自信創出力
　　・行動持続力
　③対課題基礎力
　　・課題発見力
　　・計画立案力
　　・実践力

※%の数字は「将来もこの会社で成長し続けることができる」の設問の、そのノード
　内全体のうちの「そう思う・計」の割合。

　段階を追って見ていこう。ノード0＝「正社員全体」を分割する説明変数は仕事満足度となった。いまの職場での仕事に満足していれば、そこでの成長予感も抱きやすいということである。

　説明変数「仕事満足度」により、データはノード1・ノード2に分割され、仕事満足度が高いほうが、「将来もこの会社で成長できる」の回答割合が高かった。ノード1＝「いまの職場での仕事に満足」の1404人では、成長予感のQ11-2「将来もこの会社で成長できる」に「そう思う」が60.0％だったのに対し、ノード2＝「いまの職場での仕事に満足していない」1566人では「そう思う」は10.6％だった。

　次の第2段階では、ノード1・ノード2ともに「キャリア自律」によって分岐が起こり、いずれもキャリア自律している人の方が成長予感があった。
　仕事満足度が高く成長予感もあるグループ（ノード1）については、キャリア自律しているノード4では成長予感のある人が多数（75.4％）、キャリア自律していないノード3では成長予感のある人は少数（38.4％）となっていた。
　一方、仕事満足度が高い人も成長予感のある人も少ないグループ（ノード2）では、キャリア自律しているノード6で成長予感のある人は28.2％、キャリア自律していないノード5では6.6％である。キャリア自律の有無にかかわらず成長予感のある人は少数派だが、割合には差が付いている。キャリア自律している人は、満足度の低い職場（仕事）にいても成長予感を見出すことができると読み解くことができるかもしれない。

　第3段階では、4つのノード（3〜6）を分岐させる説明変数がすべて異なり、「成長予感」には条件によって異なる要因が効いていること

がうかがえる。ノード 3 は「成長実感」、ノード 4 は「良い職場である」、ノード 5 は「安心して発言できる」、ノード 6 は「興味や働き方の希望と合致する仕事」が説明変数となっている。

　3 段階の分岐を経て形成された 8 つのノード（7 〜14）を見ると、成長予感を持つ割合が最も高いのはノード10だった。このノードの条件が成長予感を持たれる企業の特徴だとすると、「仕事満足度が高く、キャリア自律している人がおり、良い職場である」ということになる。当たり前のようでもあるが、成長予感を持つ割合が次に高いのが「仕事満足度が高く、キャリア自律している人がいるが、良い職場ではない」ノード 9 であることを考え合わせると「仕事満足度」「キャリア自律」の重要性が見えてくる。

　成長予感をもたれる職場にするために企業にできることとしては、総合的な仕事満足度を高め、キャリア自律している人材を育成（もしくは採用）することだろう。総合的な仕事満足度に繋がる具体的な施策を考えるにあたってはこのツリーに説明変数として表れた「成長実感」「安心して発言できる」「興味や働き方の希望と合致する仕事」が参考になるだろう。また、 2 − 2 で見た、キャリア自律している人の特徴に沿った施策も有効ではないだろうか。

第3章　企業人のリテラシーとコンピテンシーの現状

　企業人のリテラシー（認知能力）とコンピテンシー（非認知能力）を調査
しているのが、本調査の特徴のひとつである。これらのジェネリックスキル
（汎用的能力）は、学習行動や属性などとどのように関係しているのか。ま
た仕事評価などとどのように関係しているのかを本章で示す。

3-1　リテラシー・コンピテンシーの年齢による変化⋯⋯⋯⋯⋯

　ジェネリックスキルのうち、リテラシーは40代で下がる傾向がある（図表
3-1）。これは他調査の知見とも合致する（本章末のコラムで示す）。

　他方、コンピテンシーは、年齢とともに上がる傾向がある。詳しく見る
と、大分類の対自己基礎力、その中の中分類の自信創出力、行動持続力は、
年齢が上がるほど高くなる傾向がある。図表3-1と同様にスコアが「高
い」「低い」に2分して、「高い」の割合が「25〜29歳」→「45〜49歳」でど
う変化するかを見ると、対自己基礎力は42.6%→53.4%、自信創出力は45.5
%→55.1%、行動持続力は46.0%→53.8%となっており、いずれも一貫して
増加している。
　対自己基礎力の中でも感情制御力は、年齢が上がるにつれての一貫した傾
向は見られず、年齢によりばらつきがある。大分類の対課題基礎力、その中
の課題発見力も同様で、能力が年齢により「上がる」とも「下がる」とも言
えない。

　コンピテンシーが年代によって変わるということは、仕事経験などがコン
ピテンシーを向上させていると考えられる。1つの仕事を続けることだけで

なく、いろいろな種類の仕事経験をすることがコンピテンシーを上げることも考えられる。

図表3-1 リテラシー、コンピテンシー総合の水準（年齢別／正社員全体）

			高い	低い
		(%)		
リテラシー	全体	(n=2970)	38.2	61.8
	年齢別 25～29歳	(n= 659)	40.2	59.8
	30～34歳	(n= 644)	40.4	59.6
	35～39歳	(n= 581)	43.7	56.3
	40～44歳	(n= 556)	34.4	65.6
	45～49歳	(n= 530)	31.3	68.7
コンピテンシー総合	全体	(n=2970)	37.8	62.2
	年齢別 25～29歳	(n= 659)	35.2	64.8
	30～34歳	(n= 644)	36.8	63.2
	35～39歳	(n= 581)	38.6	61.4
	40～44歳	(n= 556)	39.9	60.1
	45～49歳	(n= 530)	39.4	60.6

※水準の高低は全体の50％を超えたところで分けている。
リテラシー：「低い」＝スコア1～3,「高い」＝スコア4～9
コンピテンシー総合：「低い」＝スコア1～3,「高い」＝スコア4～7
以下同様。

3-2 リテラシー・コンピテンシーと企業規模

　企業規模とリテラシー・コンピテンシーの関係を見てみると（図表3-2）、リテラシーは従業員100人未満の企業では低く、3000人以上の企業では高い傾向がある。ただし、3000人以上に次いでリテラシーが高いのは100人～299人の企業であり、企業規模が大きいほどリテラシーが高いとは言えない。一方コンピテンシーは、企業規模が大きいほど高い傾向が見られる。

図表3-2 リテラシー、コンピテンシー総合の水準
（企業規模別／正社員全体）

			高い	低い
		(%)		
リテラシー		全体　(n=2970)	38.2	61.8
	企業規模別	100人未満　(n= 838)	31.9	68.1
		100～299人　(n= 458)	40.4	59.6
		300～999人　(n= 530)	37.0	63.0
		1000～2999人　(n= 338)	38.8	61.2
		3000人以上　(n= 767)	45.0	55.0
コンピテンシー総合		全体　(n=2970)	37.8	62.2
	企業規模別	100人未満　(n= 838)	32.3	67.7
		100～299人　(n= 458)	33.6	66.4
		300～999人　(n= 530)	39.4	60.6
		1000～2999人　(n= 338)	42.6	57.4
		3000人以上　(n= 767)	44.5	55.5

※企業規模「わからない」は除く。

　次に、コンピテンシー、リテラシーと個人年収の関連を、企業規模ごと（100人未満、100～1000人未満、1000人以上）に見ていこう。

〈100人未満の企業〉（図表3-3）
　リテラシーと個人年収の高さは関連がない。コンピテンシーについては、個人年収が高くなるにつれてコンピテンシーの高い人が多くなっている。

〈100～1000人未満の企業〉（図表3-4）
　リテラシーと個人年収の高さは関連がない。コンピテンシーについては、個人年収が高くなるにつれてコンピテンシーの高い人が多くなっている。いずれも100人未満の企業と同じ結果である。
　なお、100人未満の企業（図表3-3）、100～1000人未満の企業（図表

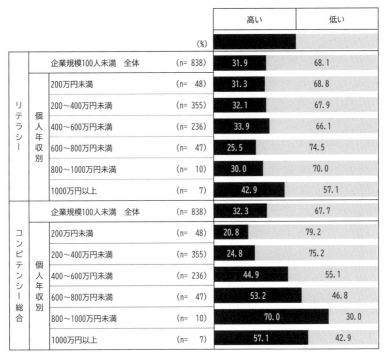

図表3-3 リテラシー、コンピテンシー総合の水準
：企業規模100人未満（個人年収別／正社員全体）

				高い	低い
			(%)		
リテラシー		企業規模100人未満　全体	(n= 838)	31.9	68.1
	個人年収別	200万円未満	(n= 48)	31.3	68.8
		200〜400万円未満	(n= 355)	32.1	67.9
		400〜600万円未満	(n= 236)	33.9	66.1
		600〜800万円未満	(n= 47)	25.5	74.5
		800〜1000万円未満	(n= 10)	30.0	70.0
		1000万円以上	(n= 7)	42.9	57.1
コンピテンシー総合		企業規模100人未満　全体	(n= 838)	32.3	67.7
	個人年収別	200万円未満	(n= 48)	20.8	79.2
		200〜400万円未満	(n= 355)	24.8	75.2
		400〜600万円未満	(n= 236)	44.9	55.1
		600〜800万円未満	(n= 47)	53.2	46.8
		800〜1000万円未満	(n= 10)	70.0	30.0
		1000万円以上	(n= 7)	57.1	42.9

※図表3-3、3-4、3-5ともに年収「わからない」は除く。ｎ数99以下は
　参考。

3-4）に共通して「年収1000万円以上にはリテラシーが高い人が多い」「年収1000万円以上になるとコンピテンシーの高い人が減る」ように見えるが、これらの企業規模では年収1000万円以上の人数が少ないので、統計的に意味のある数字ではない。

〈1000人以上の企業〉（図表3-5）

　個人年収が高いほど、リテラシー、コンピテンシーともに「高い」人が多い傾向が見られる。1000人未満の企業とは異なり、1000人以上の大企業では、リテラシーも年収を上げる要因となっていることがうかがえる。

図表 3-4 リテラシー、コンピテンシー総合の水準
：企業規模100〜1000人未満（個人年収別／正社員全体）

				高い	低い
			(%)		
リテラシー	企業規模100〜1000人未満　全体	(n= 988)		38.6	61.4
	個人年収別 200万円未満	(n= 18)		27.8	72.2
	200〜400万円未満	(n= 304)		36.5	63.5
	400〜600万円未満	(n= 336)		40.5	59.5
	600〜800万円未満	(n= 119)		37.8	62.2
	800〜1000万円未満	(n= 39)		30.8	69.2
	1000万円以上	(n= 15)		46.7	53.3
コンピテンシー総合	企業規模100〜1000人未満　全体	(n= 988)		36.7	63.3
	個人年収別 200万円未満	(n= 18)		16.7	83.3
	200〜400万円未満	(n= 304)		34.5	65.5
	400〜600万円未満	(n= 336)		35.4	64.6
	600〜800万円未満	(n= 119)		54.6	45.4
	800〜1000万円未満	(n= 39)		66.7	33.3
	1000万円以上	(n= 15)		53.3	46.7

図表 3-5 リテラシー、コンピテンシー総合の水準
：企業規模1000人以上（個人年収別／正社員全体）

				高い	低い
			(%)		
リテラシー	企業規模1000人以上　全体	(n=1105)		43.1	56.9
	個人年収別 200万円未満	(n= 18)		33.3	66.7
	200〜400万円未満	(n= 193)		37.3	62.7
	400〜600万円未満	(n= 369)		37.7	62.3
	600〜800万円未満	(n= 198)		45.5	54.5
	800〜1000万円未満	(n= 100)		58.0	42.0
	1000万円以上	(n= 62)		61.3	38.7
コンピテンシー総合	企業規模1000人以上　全体	(n=1105)		43.9	56.1
	個人年収別 200万円未満	(n= 18)		11.1	88.9
	200〜400万円未満	(n= 193)		25.9	74.1
	400〜600万円未満	(n= 369)		40.7	59.3
	600〜800万円未満	(n= 198)		56.1	43.9
	800〜1000万円未満	(n= 100)		62.0	38.0
	1000万円以上	(n= 62)		67.7	32.3

　参考までに、3000人以上の企業に絞り込んで同様に分析してみたところ、リテラシー、コンピテンシーともに1000人以上の企業と同じ結果が得られた。3000人以上の大企業でも、リテラシーも年収を上げる要因となるようだ。

3-3　リテラシー・コンピテンシーと職種 ....

　リテラシーと年収の関係は、職種ごとに異なっている。例えば事務職は、年収が高いほどリテラシーが高い人が多いが、営業職では、リテラシーと年収は関連しない（図表3-6）。
　求められる能力を発揮していることが年収（給与）の高さに反映されていると見るなら、事務職はリテラシーが求められる職種、営業職は（あまり）求められない職種ということになるだろう。

　IT技術職（図表は割愛）の年収とリテラシーの関係を見ると、リテラシーの高い人の割合が年収400万円未満から600万円未満、800万円未満まで、次第に少なくなり、1000万円未満のみ突出してリテラシーの高い人が多く（70.8%）、1000万円以上では800万円未満とほぼ同じ割合（38.5%）になっていた。IT技術職こそリテラシーが求められるイメージがあるが、少なくともPROGで測定するリテラシーは、IT技術職の年収とは関連が薄そうだ。

　コンピテンシーのほうは、基本的にどの職種でも、コンピテンシーの高さと年収の高さには関連があった。ただし、どの職種でも同じような関連が見られるというわけではない。
　例えば事務職（図表3-6）では、年収1000万円以上までコンピテンシーの高い人の割合は少しずつ上がり続ける。一方営業職は、コンピテンシーの高い人の割合は年収1000万までぐんぐんと上がり続けるが、年収1000万円以上ではコンピテンシーの高い人の割合が下がる。裏返して言うと、事務職ではコンピテンシーを上げるほど（わずかながら）年収が上がるが、営業職では「1000万円の壁」があり、コンピテンシーを上げるだけでその壁を越える

図表3-6 リテラシー、コンピテンシー総合の水準：「高い」の割合
（事務職と営業職の比較／個人年収別／正社員）

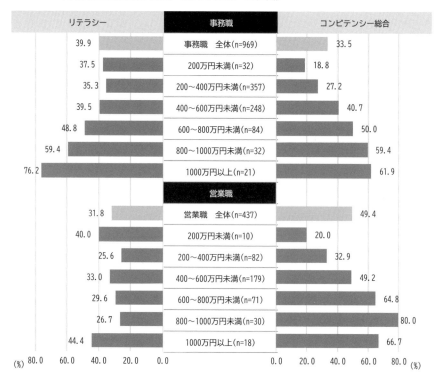

	リテラシー	事務職	コンピテンシー総合
事務職　全体(n=969)	39.9		33.5
200万円未満(n=32)	37.5		18.8
200～400万円未満(n=357)	35.3		27.2
400～600万円未満(n=248)	39.5		40.7
600～800万円未満(n=84)	48.8		50.0
800～1000万円未満(n=32)	59.4		59.4
1000万円以上(n=21)	76.2		61.9
		営業職	
営業職　全体(n=437)	31.8		49.4
200万円未満(n=10)	40.0		20.0
200～400万円未満(n=82)	25.6		32.9
400～600万円未満(n=179)	33.0		49.2
600～800万円未満(n=71)	29.6		64.8
800～1000万円未満(n=30)	26.7		80.0
1000万円以上(n=18)	44.4		66.7

(%) 80.0　60.0　40.0　20.0　0.0　　　　0.0　20.0　40.0　60.0　80.0 (%)

※ n数99以下は参考。

ことは難しいと推測できる。

3-4 リテラシー・コンピテンシーと業種

　リテラシーやコンピテンシーと個人年収との関係について、企業の業種別でも分析を行った。

　リテラシーは、年収との関連がある業種もあれば、関連が見られない業種もあった。リテラシーと個人年収との関連が「ある」業種として、製造業を例示する。

　製造業では、個人年収が高いほどリテラシーの高い人の割合が高い傾向が見られた（図表３−７）。

　コンピテンシーについては、おおむねどの業種でも、年収の高い層ほどコンピテンシーの高い人が多かった。

図表3-7 リテラシー、コンピテンシー総合の水準：「高い」の割合
（製造業／個人年収別／正社員）

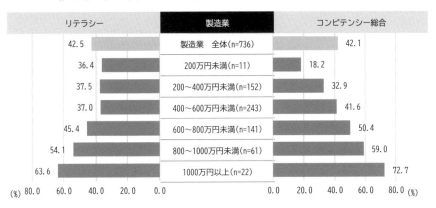

※ n 数99以下は参考。

3-5　リテラシー・コンピテンシーと仕事評価‥‥‥‥‥‥‥

　正社員全体を対象とすると、リテラシーは仕事の評価と関係せず、コンピテンシーの高さと仕事の評価には関連が見える（図表３−８）。

　企業規模別に検討すると、まずリテラシーは図表３−９のようになった。

〈100人未満〉

　仕事で評価されていると「思わない」人のほうが、リテラシーの高い人が多く、この差は有意である。

〈100人〜1000人未満〉

　仕事で評価されている（「そう思う」）人のほうがリテラシーの高い人がやや多いが、有意な差ではない。

図表3-8 リテラシー、コンピテンシー総合の水準（職場での評価別／正社員全体）

			高い	低い
		(%)		
リテラシー	全体	(n=2970)	38.2	61.8
	Q11-8. 現在の職場で 評価されている	そう思う　(n=1263)	39.2	60.8
		そう思わない　(n=1707)	37.6	62.4
コンピテン シー総合	全体	(n=2970)	37.8	62.2
	Q11-8. 現在の職場で 評価されている	そう思う　(n=1263)	52.0	48.0
		そう思わない　(n=1707)	27.4	72.6

図表3-9 リテラシーの水準（企業規模×職場での評価別／正社員全体）

			高い	低い
		(%)		
企業規模		(n=2970)	38.2	61.8
100人未満	Q11-8. 現在の職場で 評価されている	そう思う　(n= 337)	27.0	73.0
		そう思わない　(n= 501)	35.1	64.9
100〜999人		そう思う　(n= 427)	41.9	58.1
		そう思わない　(n= 561)	36.0	64.0
1000人以上		そう思う　(n= 489)	45.6	54.4
		そう思わない　(n= 616)	41.1	58.9
うち3000人 以上		そう思う　(n= 341)	49.3	50.7
		そう思わない　(n= 426)	41.5	58.5

〈1000人以上〉

　1000人未満と同様、仕事で評価されている人の方がリテラシーの高い人がやや多いが、有意な差ではない。

　ただし、3000人以上の大企業では様相が異なり、仕事で評価されている人の方がリテラシーの高い人が有意に多い。

　次にコンピテンシーについて見ると、どの企業規模でも、仕事で評価され

ていることとコンピテンシーの高さには関連があった（図表3-10）。

図表3-10 コンピテンシー総合の水準（企業規模×職場での評価別／正社員全体）

			高い	低い
		(%)		
企業規模	全体	(n=2970)	37.8	62.2
100人未満	Q11-8. 現在の職場で 評価されている	そう思う (n= 337)	46.3	53.7
		そう思わない (n= 501)	23.0	77.0
100～999人		そう思う (n= 427)	48.9	51.1
		そう思わない (n= 561)	27.5	72.5
1000人以上		そう思う (n= 489)	59.3	40.7
		そう思わない (n= 616)	31.7	68.3

　最後にまとめとしてリテラシー×コンピテンシーの組み合わせ（4タイプ）と仕事の評価の関連を、企業規模別に分析した（図表3-11）。仕事で評価されている（「そう思う」）がいちばん多いのは、100人以下の企業では「リテラシー低・コンピテンシー高」の組み合わせ、1000人以上の企業では「リテラシー高・コンピテンシー高」の組み合わせ、という違いが出てきた。リテラシーが高いと仕事で評価されるかどうかは企業規模によって異なるが、コンピテンシーの高さはどの企業規模でも仕事評価に繋がることが、この分析でも分かる。

3-6　リテラシー・コンピテンシーと学習活動 ・・・・・・・・・・・・・・・・・・

　図表3-12は、Q13「学習活動」の設問で、活動の種類を1つ以上選択した人を「学習した」（ただし選択したのが「インターネットなどで調べものをした」のみの人は除く）、それ以外の人を「学習しなかった」として、リテラシー、コンピテンシーとの関連を見たものである。リテラシーもコンピテンシーも、高い人の方が、「仕事に関する学習活動を行う」傾向が表れている。

図表3-11 現在の職場での評価
（企業規模別・リテラシー×コンピテンシー
4タイプ別／正社員全体／単一回答）／正社員全体）

企業規模			Q11-8. 現在の職場で評価されている	
			そう思う	そう思わない
		(%)		
企業規模	全体	(n=2970)	42.5	57.5
100人未満	リテラシー低・コンピテンシー低	(n= 372)	34.1	65.9
	リテラシー低・コンピテンシー高	(n= 199)	59.8	40.2
	リテラシー高・コンピテンシー低	(n= 195)	27.7	72.3
	リテラシー高・コンピテンシー高	(n= 72)	51.4	48.6
100～999人	リテラシー低・コンピテンシー低	(n= 376)	32.2	67.8
	リテラシー低・コンピテンシー高	(n= 231)	55.0	45.0
	リテラシー高・コンピテンシー低	(n= 249)	39.0	61.0
	リテラシー高・コンピテンシー高	(n= 132)	62.1	37.9
1000人以上	リテラシー低・コンピテンシー低	(n= 329)	28.6	71.4
	リテラシー低・コンピテンシー高	(n= 300)	57.3	42.7
	リテラシー高・コンピテンシー低	(n= 291)	36.1	63.9
	リテラシー高・コンピテンシー高	(n= 185)	63.8	36.2

※「そう思う」は「とてもそう思う」「ややそう思う」の計。「そう思わない」は「どちらともいえない」「あまりそう思わない」「まったくそう思わない」の計。

　リテラシー×コンピテンシーの組み合わせ（4タイプ）ごとに、学習活動との関連を見てみると（図表3-13）、最もよく学習活動を行うのは「リテラシー高・コンピテンシー高」タイプ、次いで「リテラシー低・コンピテンシー高」タイプである。「リテラシーが低くても、コンピテンシーが高ければ学習活動を行う」傾向があることが分かる。
　図表3-13は正社員全員を対象としているが、年齢別に20代の659人、30代の1225人、40代の1225人と分けて分析しても、最もよく学習活動を行うのは「リテラシー高・コンピテンシー高」タイプ、次いで「リテラシー低・コ

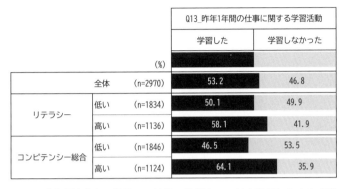

図表3-12 昨年1年間の仕事に関する学習活動
（リテラシー、コンピテンシー総合の水準別
／正社員全体／単一回答）

			Q13_昨年1年間の仕事に関する学習活動	
			学習した	学習しなかった
		(%)		
全体		(n=2970)	53.2	46.8
リテラシー	低い	(n=1834)	50.1	49.9
	高い	(n=1136)	58.1	41.9
コンピテンシー総合	低い	(n=1846)	46.5	53.5
	高い	(n=1124)	64.1	35.9

※ Q13「学習活動」の設問で、活動の種類を1つ以上選択した人を「学
　習した」（ただし選択したのが「インターネットなどで調べものをし
　た」のみは除く）。
　以下同様。

図表3-13 昨年1年間の仕事に関する学習活動
（リテラシー×コンピテンシー4タイプ別／
正社員全体／単一回答）

			Q13_昨年1年間の仕事に関する学習活動	
			学習した	学習しなかった
		(%)		
全体		(n=2970)	53.2	46.8
リテラシー×コンピテンシー4タイプ別	リテラシー低・コンピテンシー低	(n=1099)	42.9	57.1
	リテラシー低・コンピテンシー高	(n= 735)	60.8	39.2
	リテラシー高・コンピテンシー低	(n= 747)	51.8	48.2
	リテラシー高・コンピテンシー高	(n= 389)	70.2	29.8

ンピテンシー高」タイプという傾向は3つの年代とも同じだった。「リテラ
シーが低くても、コンピテンシーが高ければ学習活動を行う」傾向は、年代
が上がるにつれて出てくるのではなく、20代から表れている点は注目され
る。

　コンピテンシーが高いということは、対課題基礎力の実践力、対人基礎力の協働力が高いだろう。そのような人は、目的意識を持った実践的な行動や、多様な人々との協働を通じて、仕事に関して学ぶことの必要性を感じることができ、またそれを学習行動として実行することができるだろう。こういったことが、「コンピテンシーが高いと学習活動を行う」の説明の１つとして考えられる。

★まとめ

1. リテラシーは年齢とともに下がる一方、コンピテンシーは上がる傾向がある。
2. 企業規模が大きくなると、リテラシーやコンピテンシーが高くなる傾向がある。
3. 事務職ではリテラシーは年収と関連するが、営業職では関連しない。リテラシーが求められるかどうかは職種によって異なると考えられる。
4. 正社員全体の分析では、仕事の評価は、リテラシーとの関連はないが、コンピテンシーとは関連する。
5. 企業規模や職種などによっては、リテラシーの高さが仕事の評価と関連することもある。コンピテンシーの高さは、どのような企業属性でも仕事の評価に結びつく。
6. リテラシーもコンピテンシーも高い人は、学習活動を行う傾向が強い。また、リテラシーが低くとも、コンピテンシーが高ければ、学習活動を行う傾向がある。

リテラシーが高い人の特徴とは

　第3章冒頭で「リテラシーはある年齢から低下する」ことに触れた。このコラムでは、リテラシー（それに類する能力）には年齢とともに低下する性質があるのか、それはなぜかについて解説した後、「年齢」も含めて何がリテラシーに影響しているかの構造を、デシジョン・ツリー分析で示す。

　言語や知識、技能、思考、判断といった認知能力が年齢とともに低下することは、認知能力を「流動性知能」と「結晶性知能」に2分して考えるとわかりやすい。

　「流動性知能」とは、新しい環境に適応するために、新しい情報を獲得し、それを処理し操作していく知能であり、処理のスピード、直感力、法則を発見する能力などを含んでいるとされる。一方、「結晶性知能」とは、個人が長年にわたる経験、教育や学習などから獲得していく知能であり、言語能力、理解力、洞察力などを含むとされる。

　言語の運用能力などの「結晶性知能」は、経験や学習から獲得していくという性質上、年齢を重ねてもあまり変化しないだろう。しかし、処理のスピードや直感力などを含む「流動性知能」は、加齢とともに低下すると考えられる。この仮説に基づき、多くの調査が行われており、おおむね仮説を肯定する結果が出ている。

　PROGのリテラシーは、認知能力の中でも「流動性知能」に軸足をおいて測定しているテストであるため、本調査でも見られるように、年齢とともにスコアは低下する傾向にある。

　仕事をしていると、何もかもが新しい事案や、初見の問題への対応が求められることは稀で、むしろ、これまでの経験の応用で乗り切れるよ

うな案件を扱うことが多い。言い換えると、仕事の中で結晶性知能が求められる場面は多く、流動性知能はあまり使われない。そのような環境で年齢を重ねていけば、PROG のリテラシーで測定しているような流動性知能が低下していくことは予想に難くない。

　では、年齢を問わず「リテラシーの高い人」はどのような特徴をもつのか、その全体像をつかむために、デシジョン・ツリー分析を行った。

　ノード 0 ＝「正社員全体」を分割する説明変数は学習活動だ。リテラシーが高い人の割合が38.2％であるノード 0（正社員全体）と比べて、「学習しない」ノード 1 はリテラシーが高い人の割合が32.6％と低くなり、「学習した」ノード 2 では41.6％と多くなっていることが分かる。

　次の第 2 段階では、ノード 1 で「学習対象の明確さ」によって分岐が起こり、「何を学ぶべきかわかっている」ノード 3 よりも、「そう思わない」ノード 4 のほうがリテラシーが高い人が多いという、やや意外な結果が出た。

　一方ノード 2 の分岐は「年齢」で起こっている。ノード 5 「40代」ではリテラシーの高い人が36.4％、ノード 6 「20代、30代」では44.5％となっていた。学習していても40代ではリテラシーの低下を免れないようにも見えるが、「学習しなかった」から枝分かれしたノード 3 、ノード 4 と比べるとリテラシーの高い人が多い（ノード 3 の26.5％、ノード 4 の36.3％ に比べてわずかではあるが割合が大きい）ことが分かる。ノード 3 、ノード 4 には（リテラシーが高いはずの）20代・30代も含まれているので、それらと比べて40代のみのノード 5 でリテラシーが高い人が多いのは、「学習した」ことの効果の表れと考えられる。

　それを確認できるのが、「年齢」が説明変数となったノード 4 の分岐（第 3 段階）だ。ノード 9 は、（ノード 4 のうち）40代の回答者だけのグループだが、リテラシーの高い人の割合は、先ほど比較したノード 5

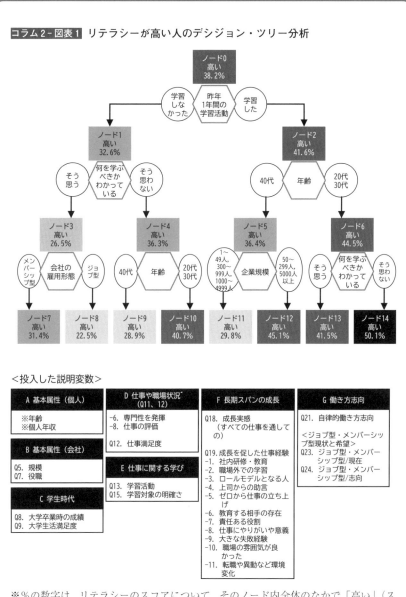

コラム2-図表1 リテラシーが高い人のデシジョン・ツリー分析

<投入した説明変数>

A 基本属性（個人）
※年齢 ※個人年収

B 基本属性（会社）
Q5. 規模 Q7. 役職

C 学生時代
Q8. 大学卒業時の成績 Q9. 大学生活満足度

D 仕事や職場状況（Q11、12）
-6. 専門性を発揮 -8. 仕事の評価 Q12. 仕事満足度

E 仕事に関する学び
Q13. 学習活動 Q15. 学習対象の明確さ

F 長期スパンの成長
Q18. 成長実感 　（すべての仕事を通しての） Q19. 成長を促した仕事経験 -1. 社内研修・教育 -2. 職場外での学習 -3. ロールモデルとなる人 -4. 上司からの助言 -5. ゼロから仕事の立ち上げ -6. 教育する相手の存在 -7. 責任ある役割 -8. 仕事にやりがいや意義 -9. 大きな失敗経験 -10. 職場の雰囲気が良かった -11. 転職や異動など環境変化

G 働き方志向
Q21. 自律的働き方志向 <ジョブ型・メンバーシップ型現状と希望> Q23. ジョブ型・メンバーシップ型/現在 Q24. ジョブ型・メンバーシップ型/志向

※％の数字は、リテラシーのスコアについて、そのノード内全体のなかで「高い」（スコア4〜9）が占める割合。

（36. 4%）と比べてかなり低い28. 9%となっている。学習しなかった40代の方がリテラシーが低い結果となっている。

　ノード 6 の分岐（第 3 段階）では、ノード 1 の分岐（第 2 段階）で出現した「学習対象の明確さ」が説明変数となり、再び「何を学ぶべきかわかっている」ノード13よりも、「そう思わない」ノード14のほうがリテラシーの高い人が多いという結果になっている。

　前述のように、認知能力を「結晶性知能」「流動性知能」に分けて考え、PROG のリテラシーが主に流動性知能を測定しているとすると、それは一見、仕事とは関係ない能力のようにも見える。PROG のリテラシーで測定する流動性知能は、仕事の上で明示的に使われることが少なく、「仕事に役立つ」知識・能力として印象付けられる場面があまりないからだ。

　仕事に関して何を学ぶべきか「わかっている」人は、流動性知能を高める学びを、意識的にか無意識にか「学ぶべきものではない」として退けている可能性がある。何を学ぶべきか「わかっているとは思わない」人の方が、幅広く学ぶため、その中に流動性知能を高める学習も含まれ、結果的に PROG のリテラシースコアが高くなっているのかもしれない。また、「分かっているとは思わない」人のほうが「仕事に役立つか（＝学ぶべきか）分からないが、新しいことに触れるのが面白いから学ぶ」という傾向が強いなら、それはまさに「新しい情報を獲得し、操作する知能」すなわち流動性知能を高め、リテラシーを高める学習行動といえるだろう。

　第 3 段階のうち、ノード 3 は「会社の雇用形態（ジョブ型かメンバーシップ型か）」によって分岐し、メンバーシップ型雇用企業（ノード 7）のほうがリテラシーの高い人が多かった。ノード 5 は「企業規模」によって分岐し、従業員数50人〜299人または5000人以上（ノード12）

がリテラシーの高い人が多かった。

　3段階の分岐を経て形成された8つのノード（7〜14）のうち、リテラシーの高い人の割合が最も大きいのがノード14だった。「仕事に関する学習活動をした20代から30代で、何を学ぶべきかわかっていない」のがリテラシーの高い人の特徴ということになる。リテラシーが「高い」が50%以上だったのはこのノードのみだ。次いでリテラシーの高い人が多かったのがノード12「学習した40代で、企業規模が50人〜299人または5000人以上」だった。

　改めて全体を見て説明変数を確認すると、第1段階の分岐で説明変数となっているのが「学習活動」であり、「学習対象の明確さ」も2か所で説明変数となっていることから、リテラシーには「仕事に関する学び」が大きくかかわっていることがわかる。

　もう1つの大きな要素は「年齢」だ。年齢が説明変数となって「20代・30代」と「40代」に分岐した2か所では、いずれも40代のほうがリテラシーの高い人が少なくなっており、「加齢によってリテラシー（それに類する能力）は低下する」ことを示している。しかし、ノード12「学習した40代」は、ノード10「学習しなかった20代・30代」やノード13「学習した20代・30代の一部」よりもリテラシーの高い人が多く、「学び続ければ、加齢によるリテラシーの低下はある程度食い止められる」と解釈することも可能だろう。「年齢」を通じても、「学び」がリテラシーに与える影響の大きさが浮き彫りになっているといえそうだ。

【参考文献】
1）佐藤眞一（2006）『「結晶知能」革命』小学館
2）Salthouse.T.A.（2004）What and when of cognitive aging? *Current Directions in Psychological Science*,13,140-144
3）労働政策研究・研修機構（2016）「職業能力の評価―GATBを用いた13年間のデータの検討―」, JILPT 資料シリーズ No.169, 第7章

コラム3

ジェネリックスキルの測定方法による違い

　ジェネリックスキルの調査においては、測定方法によって異なる結果が出る可能性がある。ここでは「年齢による能力の変化」を例に、本調査で実施した客観評価の PROG テスト（簡易版）の結果を、主観評価（アンケートによる自己評価）のジェネリックスキル測定値と比較検討してみる。

　比較に用いたのはリクルートの「ワーキングパーソン調査2014」である。18歳から69歳の「働く人々（ワーキングパーソン）」を対象としたこの調査では、アンケート調査の中で「仕事を進めるにあたって、あなたは以下の能力をどの程度持っていると思いますか」と自己評価を尋ねている。その項目には、PROG テストのコンピテンシー中分類に対応する 9 つの能力、リテラシーの構成要素に対応する 4 つの能力が含まれており、PROG との比較が可能である。

　まずコンピテンシーの主観評価（ワーキングパーソン調査。棒グラフ）を見ると、9 つの能力すべてで「年齢とともに能力は着実に向上している」との自己評価になっている（コラム 3 - 図表 1）。向上の程度や、どのタイミング（年齢）で大きく向上するかなどの差はあるが、少なくとも「年齢とともに能力が衰える」といった自己評価はしていないように見える。

　客観評価の PROG（折れ線グラフ）では、おおむね右上がりではあるが、自信創出力のように「一貫して」向上しているものよりも、感情制御力や課題発見力のように、「グラフの左端よりは右端が高いが、その間はかなり凸凹している」ものが多い。親和力の客観評価はグラフが右下がりで、年齢とともに能力が低下していることを示している。

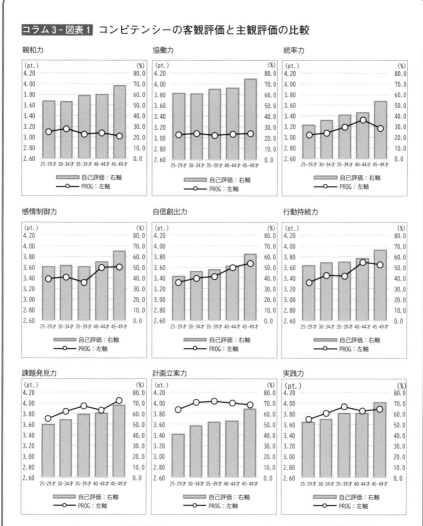

コラム3-図表1 コンピテンシーの客観評価と主観評価の比較

※リクルートワークス研究所「ワーキングパーソン調査2014」を基に筆者作成
※ワーキングパーソン調査2014：主観評価（アンケートによる自己評価）／持っている計（十分＋持っている）の割合／正社員／n＝4443
　リテラシーも同様。
※PROG：客観評価（アセスメントテスト）／スコアの平均点／正社員全体／n＝2970

　このように、自己評価と客観評価は必ずしも一致せず、自己評価はやはり「自分に甘い」傾向があるようだ。それがいっそう顕著に出ているのがリテラシーでの比較だ（コラム 3 - 図表 2 ）。

　本調査の PROG のリテラシーは、20代・30代で大きく伸びることはなく、40代では大きく下がっていることがグラフからもわかる。またコラム「リテラシーが高い人の特徴とは」で述べたとおり、リテラシー（それに類する能力）は年齢とともに低下することは、多くの調査研究で実証されている。それにもかかわらず、ワーキングパーソン調査の情報分析力（PROG のリテラシーに対応するもの）は、9 つのコンピテンシーと同じく、「年齢とともに能力は

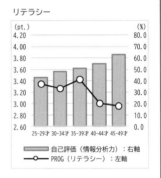

コラム 3 - 図表 2
リテラシーの客観評価と主観評価の比較

リテラシー

着実に向上している」との自己評価になっている。40代の企業人は、実際にはリテラシーが低下しているにもかかわらず、それを正しく自己評価できていない可能性が高い。

　本調査を例にとれば、調査票の F 群「成長実感」や G 群「働き方志向」のように、主観評価が有効な調査もある。しかし、リテラシー・コンピテンシーの調査（測定）に関しては、主観評価の調査が実態を正しく反映するかというと疑問が残る。例えば、企業が人材施策に向けて社員の能力を把握するための調査のような場合は、自己評価だけでなく客観的な測定方法を検討する必要があるだろう。

第4章

企業人の学びの現状
―企業規模、職種に着目して―

リスキリングが注目される昨今、企業人の学びについて確認しておこう。

4-1 学習活動の実態・・・・・・・・・・・・・・・・・・・・・・・・・・・・・・・・・

　2022年度の1年間に、学習活動（「インターネットなどで調べものをした」含まず）を行った人は全体の53.2%で、学習活動の種類は「本を読んだ」が最多（925人）だった。eラーニングやセミナー参加も少なくない（図表4-1）。

　企業規模別にみると、企業規模が大きくなるほど、「学習した」率は上がる（図表4-2）。

　学習活動の種類も企業規模別によって多少の差があった（図表4-3）。読書、セミナー参加が企業規模にかかわらず取り入れられている一方、eラー

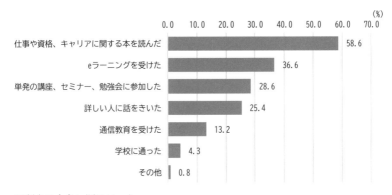

図表4-1 昨年1年間に行った仕事に関する学習活動
（正社員の学習活動実施者／複数回答／n＝1579）

学習活動	（%）
仕事や資格、キャリアに関する本を読んだ	58.6
eラーニングを受けた	36.6
単発の講座、セミナー、勉強会に参加した	28.6
詳しい人に話をきいた	25.4
通信教育を受けた	13.2
学校に通った	4.3
その他	0.8

※割合の大きい順にソート。

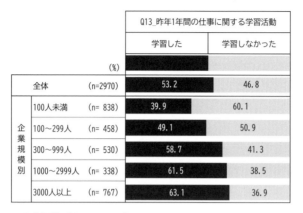

図表 4 - 2　昨年 1 年間の仕事に関する学習活動実施率
（企業規模別／正社員全体／単一回答）

※企業規模「わからない」はグラフから除く。

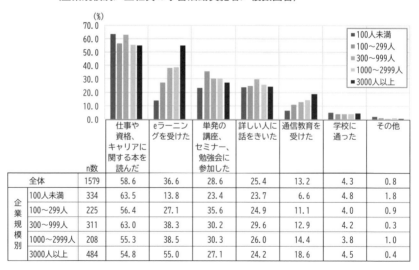

図表 4 - 3　昨年 1 年間に行った仕事に関する学習活動
（企業規模別／正社員の学習活動実施者／複数回答）

	n数	仕事や資格、キャリアに関する本を読んだ	eラーニングを受けた	単発の講座、セミナー、勉強会に参加した	詳しい人に話をきいた	通信教育を受けた	学校に通った	その他
全体	1579	58.6	36.6	28.6	25.4	13.2	4.3	0.8
100人未満	334	63.5	13.8	23.4	23.7	6.6	4.8	1.8
100〜299人	225	56.4	27.1	35.6	24.9	11.1	4.0	0.9
300〜999人	311	63.0	38.3	30.2	29.6	12.9	4.2	0.3
1000〜2999人	208	55.3	38.5	30.3	26.0	14.4	3.8	1.0
3000人以上	484	54.8	55.0	27.1	24.2	18.6	4.5	0.4

※全体値の割合が大きい順にソート。

ニングや通信教育は、企業規模が大きいほど参加している傾向が見られた。

　業種別に見ると（図表4-4）、「学習した」率が最も高いのが「金融、保険」72.0％で、「電気・ガス・熱供給・水道」「医療、福祉」「学術研究、専門・技術サービス」「建設」「情報通信」も学ぶ傾向がある。「卸売、小売」「サービス」は、やや学びが少ない。

図表4-4 昨年1年間の仕事に関する学習活動実施率
（業種別／正社員全体／単一回答）

| | | Q13_昨年1年間の仕事に関する学習活動 | |
		学習した	学習しなかった
全体	(n=2970)	53.2	46.8
金融業、保険業	(n= 186)	72.0	28.0
電気・ガス・熱供給・水道業	(n= 46)	60.9	39.1
医療、福祉	(n= 381)	59.6	40.4
学術研究、専門・技術サービス業	(n= 156)	57.7	42.3
建設業	(n= 182)	57.1	42.9
情報通信業	(n= 299)	56.2	43.8
運輸業、郵便業	(n= 124)	52.4	47.6
製造業	(n= 736)	52.2	47.8
農林漁業	(n= 12)	50.0	50.0
不動産業、物品賃貸業	(n= 83)	48.2	51.8
教育、学習支援業	(n= 91)	44.0	56.0
サービス業	(n= 358)	43.6	56.4
卸売業、小売業	(n= 301)	43.5	56.5
その他	(n= 8)	37.5	62.5

※「学習した」の割合が大きい順にソート。n数99以下は参考。図表4-5も同様。

　職種別（図表4-5）では、研究職、専門職、技術職（IT）は、学ぶ傾向
があり、販売職は学びが少ない。

図表4-5　昨年1年間の仕事に関する学習活動実施率
（職種別／正社員全体／単一回答）

			Q13_昨年1年間の仕事に関する学習活動	
			学習した	学習しなかった
		(%)		
	全体	(n=2970)	53.2	46.8
職種別	研究職	(n= 101)	66.3	33.7
	専門職	(n= 379)	63.9	36.1
	技術職（IT）	(n= 323)	60.7	39.3
	営業職	(n= 437)	57.9	42.1
	技術職（製造業・その他）	(n= 444)	52.5	47.5
	事務職	(n= 969)	46.9	53.1
	サービス職	(n= 178)	46.1	53.9
	保安職	(n= 18)	38.9	61.1
	販売職	(n= 100)	38.0	62.0
	その他	(n= 20)	30.0	70.0

　学習活動の種類について、職種ごとの特徴を見てみると、専門職や研究職
は、講座・セミナーに参加して学んでいる率が他職種よりもかなり高い。販
売職はeラーニングが多く、通信教育も研究職と並んで多い。事務職や営業
職は、時間が自由になりにくい職種の性質があるのか、講座・セミナーが少
なく、読書が比較的多い。

4-2　学ぶ理由の分析

　仕事に関して学んだ理由（複数回答）は「現在の仕事に必要だから」が最
も多く63.5％だった（図表4-6）。次に多かったのが「学び続けるのが当然
だから」（31.7％）というのはやや意外な感もある。

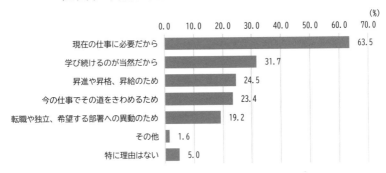

図表 4 - 6　学習活動を行った理由
（正社員の学習活動実施者／複数回答／ n＝1579）

※割合が大きい順にソート。

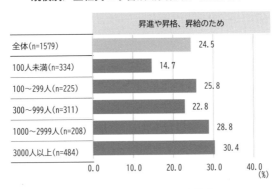

図表 4 - 7　学習活動を行った理由：昇進や昇格、昇給のため（企業
規模別／正社員の学習活動実施者／複数回答／ n＝1579）

※企業規模「わからない」はグラフから除く。

　このうち「現在の仕事に必要だから」については、企業規模の大小による傾向は見られない。企業規模の影響が見られるのは、「昇進や昇給のため」で、企業規模が大きくなるほど、その割合が大きくなる傾向がある（図表4-7）。

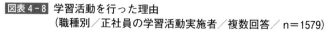

図表 4 - 8　学習活動を行った理由
（職種別／正社員の学習活動実施者／複数回答／ n ＝1579）

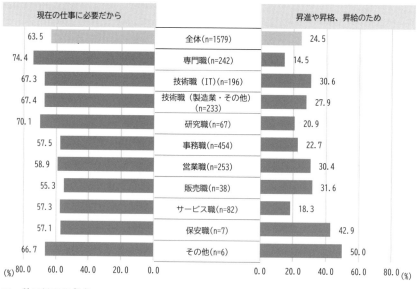

	現在の仕事に必要だから	昇進や昇格、昇給のため
全体(n=1579)	63.5	24.5
専門職(n=242)	74.4	14.5
技術職(IT)(n=196)	67.3	30.6
技術職（製造業・その他）(n=233)	67.4	27.9
研究職(n=67)	70.1	20.9
事務職(n=454)	57.5	22.7
営業職(n=253)	58.9	30.4
販売職(n=38)	55.3	31.6
サービス職(n=82)	57.3	18.3
保安職(n=7)	57.1	42.9
その他(n=6)	66.7	50.0

※ n 数99以下は参考。

　職種別では（図表 4 - 8 ）、「仕事に必要だから」の回答割合は、専門職、
研究職、技術職（製造業・その他）の順に大きかった。
　「昇進などのため」の回答割合は、販売職、技術職（IT）、営業職の順に
大きい。学びの理由で特徴が際立っているのが専門職で、昇進目的を理由と
する割合が小さいほか、「その道をきわめるため」「学び続けるのが当然」の
回答が多い。

4-3　学びのアウトプットの実態 ··································

　企業では、個人的に学ぶだけでなく、学んだことをアウトプットし、仕事
の成果につなげることが大切だ。その観点では、学んだことを仕事に役立て
ようとする（学びの活用意向がある）人は少なくないが（68.1％）、学びを
他の人に話そうとする（学びの共有意向がある）人は、その半分ほど（34.5

％）にとどまる（図表4-9）。

　学びの活用には、企業規模による差はあまりないが、学びの共有について
は、ある程度規模が大きい企業で回答割合が高い傾向が見えた（図表
4-10)。
　大企業のほうが「共有する相手（まわりにいる人）」の数が多く、それだ
け学んだ内容を話す機会が多いという単純な理由もあるだろう。それと並ん

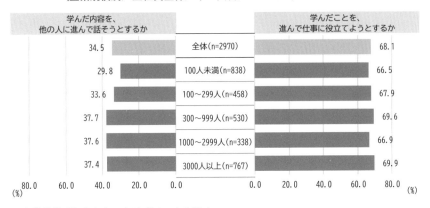

図表4-9 学びのアウトプット（共有・活用）
（正社員全体／単一回答／n＝2970）

		あてはまる	あてはまらない
	(%)		
共有	Q16. 学んだ内容を、他の人に進んで話そうとするか	34.5	65.5
活用	Q17. 学んだことを、進んで仕事に役立てようとするか	68.1	31.9

※仕事に関する学習活動を行っていない人は行うことを想定し
　た回答。
※「あてはまる」は「とてもあてはまる」「ややあてはまる」、
　「あてはまらない」は「どちらともいえない」「あまりあては
　まらない」「まったくあてはまらない」の計。

図表4-10 学びのアウトプット（共有・活用）：「あてはまる・計」の割合
（企業規模別／正社員全体／単一回答／n＝2970）

学んだ内容を、他の人に進んで話そうとするか		学んだことを、進んで仕事に役立てようとするか
34.5	全体(n=2970)	68.1
29.8	100人未満(n=838)	66.5
33.6	100〜299人(n=458)	67.9
37.7	300〜999人(n=530)	69.6
37.6	1000〜2999人(n=338)	66.9
37.4	3000人以上(n=767)	69.9

※企業規模「わからない」はグラフから除く。

61

で考えられるのは、学びを職場に持ち帰ってアウトプットする制度や仕組み
が、大企業に多く見られるだろうということだ。そのような機会を企業の側
が意図的に作ることで、「学んだ内容を他の人に進んで話す」ように仕向け
ることができるのかもしれない。

　企業は、個人のパフォーマンスだけでなく、組織のパフォーマンスを上げ
ることを「仕事に関する学び」に期待するだろう。そのために重要なのが学
びの共有なのだ。

　職種別では、学びの活用・共有ともに、割合の大きい順に研究職、専門
職、営業職となっている。販売職やサービス職は、活用が少ないわりには共
有の傾向がある（図表4-11）。職場で「話をする」機会が多いからだろう
か。

図表4-11 学びのアウトプット（共有・活用）：「あてはまる・計」の割合
（職種別／正社員全体／単一回答／n＝2970）

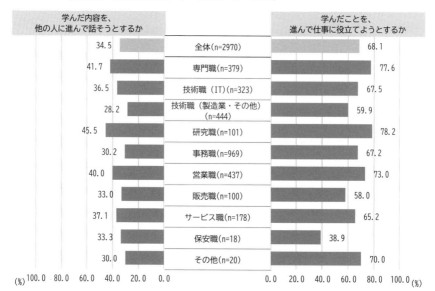

※n数99以下は参考。

★まとめ

1. 社会人の学びの必要性がいわれて久しいが、実際に学習活動を行った人は、5割程度に留まる。

2. 企業規模が大きいほど学習活動を行う傾向がある。また、業種や職種によって学習活動実施率には差がある。

3. 学んだ理由は、「現在の仕事に必要だから」がいちばん多い。それ以外の理由は、企業規模や職種によって異なっている。企業は、社員によって学ぶ理由・動機が異なることを認識する必要がある。

4. 多くの人が、学んだことを仕事に役立てようとしている（学びの活用）。しかし、学んだことを他者に話そうとする（学びの共有）人はそれほど多くない。大企業、また研究職、専門職、営業職などは学びを共有しようとする傾向がある。

コラム4

大学での成績や満足度は、仕事での学びに繋がるのか

　学び続ける社員を採用したいと企業が考えるとき、学歴や大学での成績は手がかりになるだろうか。

　最終学歴別に見ると、学歴が上がるほど学ぶ傾向が強い。また、学歴を問わず、卒業時の成績が良い人、学生生活全般の満足度が高い人ほど「学習した」割合が大きい（コラム4-図表1）。

　ここには、学歴の高い人や成績の良い人が、研究職・専門職といった、学ぶ傾向の強い特定の職種についているという事情もあると思われる。

　そこで職種ごとに見てみると、例えば技術職（IT）では、卒業時の成績にかかわらず学ぶ傾向があったが、事務職や営業職では、大学時代の成績と（現在の）学習活動に関連がみられた。

　事務職では、卒業時の成績が「良い」人の「学習した」率が56.5％、「どちらともいえない」「どちらかといえば良くない」では40％台で、「良くない」人は29.4％だった。営業職では「どちらかといえば良い」人の「学習した」率が最も高い73.1％で、「どちらともいえない」でも半数以上（51.7％）が学んでいるが、「良くない」人は29.2％と大きな差があった。

　事務職、営業職については、学び続けるという学習行動を保障するという意味で、大学時代に成績が良い人を採用することが有効かもしれない。

コラム4-図表1 昨年1年間の仕事に関する学習活動実施率
（最終学歴・卒業時成績・学生生活満足度別／
正社員全体／単一回答）

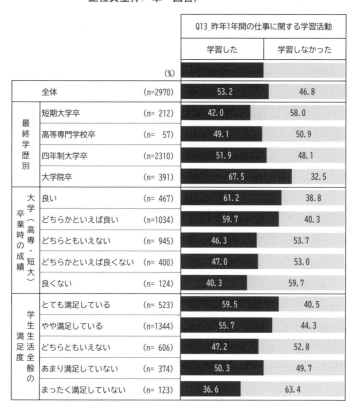

			Q13_昨年1年間の仕事に関する学習活動	
			学習した	学習しなかった
		(%)		
全体		(n=2970)	53.2	46.8
最終学歴別	短期大学卒	(n= 212)	42.0	58.0
	高等専門学校卒	(n= 57)	49.1	50.9
	四年制大学卒	(n=2310)	51.9	48.1
	大学院卒	(n= 391)	67.5	32.5
大学（高専・短大）卒業時の成績	良い	(n= 467)	61.2	38.8
	どちらかといえば良い	(n=1034)	59.7	40.3
	どちらともいえない	(n= 945)	46.3	53.7
	どちらかといえば良くない	(n= 400)	47.0	53.0
	良くない	(n= 124)	40.3	59.7
学生生活全般の満足度	とても満足している	(n= 523)	59.5	40.5
	やや満足している	(n=1344)	55.7	44.3
	どちらともいえない	(n= 606)	47.2	52.8
	あまり満足していない	(n= 374)	50.3	49.7
	まったく満足していない	(n= 123)	36.6	63.4

コラム5

大学の専門分野と、リテラシー・コンピテンシーの関係

　学生時代の専門分野によって、リテラシー・コンピテンシーが異なるのかを確認しておこう。リテラシーは、理系（医学、建築含む）が高い傾向があるが、コンピテンシーにはほとんど差がない（コラム5-図表1）。

　今までのPROGテストの実績から、大学生（主に卒業時ではなく在学中に測定）のリテラシーは理系が文系より明らかに高く、コンピテンシーは文系が理系よりやや高いことがわかっている（『PROG白書2015～大学生10万人のジェネリックスキルを初公開～』）。今回PROGテスト（簡易版）で測定した企業人のジェネリックスキルとの関係を見ると、リテラシーについては、差が縮小しているか拡大しているかは不明ながら、理系（出身者）優位の傾向は変わらず、コンピテンシーは、在学時にあった文理の差が縮小し、ほとんどなくなっていると見える。

　これをどう解釈するかは、学生時代の専門分野と現在の業種・職種の関連、業種・職種とリテラシーやコンピテンシーの伸長との関連などが関わると思われ、さらなる考察が必要だろう。また、今回の調査対象が20代後半から40代までと幅広いことを考えると、卒業から時間が経過するにつれて大学時代の専門分野がどのように影響してくるのか、とくにリテラシーについては第3章で触れた年齢の要素も含めた分析の必要がありそうだ。

コラム5-図表1 リテラシー、コンピテンシー総合の水準
（学生時代の専門分野別／正社員全体／単一回答）

			高い	低い
		(%)		
リテラシー		全体　(n=2970)	38.2	61.8
	専門分野別	人文科学系　(n= 666)	33.9	66.1
		社会科学系　(n= 972)	36.6	63.4
		理工系　(n= 861)	44.0	56.0
		医学、薬学　(n= 210)	43.8	56.2
		建築　(n= 40)	42.5	57.5
		芸術　(n= 59)	22.0	78.0
		福祉　(n= 98)	29.6	70.4
		その他　(n= 64)	37.5	62.5
コンピテンシー総合		全体　(n=2970)	37.8	62.2
	専門分野別	人文科学系　(n= 666)	38.0	62.0
		社会科学系　(n= 972)	38.0	62.0
		理工系　(n= 861)	39.0	61.0
		医学、薬学　(n= 210)	39.5	60.5
		建築　(n= 40)	40.0	60.0
		芸術　(n= 59)	37.3	62.7
		福祉　(n= 98)	27.6	72.4
		その他　(n= 64)	28.1	71.9

※n数99以下は参考。

第5章

企業人の働き方志向の現状

―ジョブ型かメンバーシップ型か―

　第5章は、ジョブ型雇用と、メンバーシップ型雇用に関わる章である。いま企業で働く人々は、ジョブ型企業とメンバーシップ型企業についてどのように認識しているのか、また、ジョブ型雇用とメンバーシップ型雇用のどちらを志向しているのか、その現状を示す。そののちに、特にジョブ型雇用に注目して、ジョブ型雇用を志向する人の特徴を、仕事評価、仕事満足度、働き方の現状と志向がマッチしているかどうか、などの観点で見ていく。

5-1　ジョブ型雇用・メンバーシップ型雇用の意識と実態……

　本調査では「A：ジョブ型雇用は、業務範囲が明確で、業務成果で給与が決まる」「B：メンバーシップ型雇用は、業務範囲は流動的で、勤続年数や年齢によって給与が決まる」と示したうえで、「あなたの会社がとっている雇用形態」（Q23）、「あなたが希望する雇用形態」（Q24）がA・Bどちらに当てはまるかを聞いている。この設問では「どちらともいえない」の選択肢はなく、Aに「よく」「どちらかといえば」当てはまると回答すればジョブ型、Bに「よく」「どちらかといえば」当てはまると回答すればメンバーシップ型としている。

　企業の雇用形態の現状（Q23）は、あくまでも回答者の認識ということにはなるが、メンバーシップ型企業がやや多い（52.8%）ものの、ジョブ型企業との回答も半数近く（47.2%）、両者はほぼ「半々」だ。しかし「希望する雇用形態」（Q24）では、ジョブ型志向60.5%、メンバーシップ型志向39.5%とやや差があった（図表5-1）。

　会社の現状と掛け合わせて見ると、ジョブ型企業で働いている回答者の8割以上がジョブ型志向、メンバーシップ型企業で働いている回答者の約6割

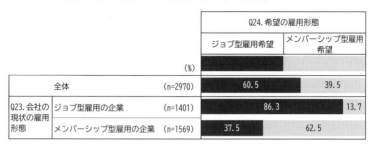

図表5-1 希望する雇用形態
（現状の雇用形態別／正社員全体／単一回答）

			Q24. 希望の雇用形態	
			ジョブ型雇用希望	メンバーシップ型雇用希望
		(%)		
	全体	(n=2970)	60.5	39.5
Q23. 会社の現状の雇用形態	ジョブ型雇用の企業	(n=1401)	86.3	13.7
	メンバーシップ型雇用の企業	(n=1569)	37.5	62.5

がメンバーシップ型志向だ。ジョブ型・メンバーシップ型ともに「現状と同じ雇用形態を希望」が多数派ではあるが、ジョブ型がジョブ型を希望する8割以上とメンバーシップ型がメンバーシップ型を希望する約6割とでは「多数」の意味合いに若干違いがあるように思われる。

　長らく「日本の企業はメンバーシップ型」といわれてきたにもかかわらず、ジョブ型企業が半数近くあること、働く人の志向はさらにジョブ型の割合が高いことを考え合わせると、今後しばらくはジョブ型企業増加の流れが続くだろうと予測できる。

　では、今後も増えていくだろう「ジョブ型企業」で働いている人は、会社・職場に対してどのような意識を持っているのだろうか（図表5-2）。
　ジョブ型企業で働く人は「キャリアを自分で切り開ける（キャリア自律）」「将来もこの会社で成長できる（成長予感）」「仕事に意欲的（仕事エンゲージメント）」「興味や希望する働き方と合致している」「いまの会社で働くことに誇りを持っている（会社エンゲージメント）」「組織の目標が共有されている」「仕事で成長できた（成長実感）」などの項目で、「あてはまる・そう思う」度合いがメンバーシップ型企業の人よりも高い。

　この結果から、ジョブ型企業で働く人は、自分にとって働きやすい職場で、自信を持って働くことができていると思われる。これらの設問は、職場の評価そのものである以上に、その職場での自身の状況や気持ちを問うもの

図表5−2 仕事や職場の状況：それぞれ「あてはまる・計／そう思う・計」の割合
（現状の雇用形態別／正社員全体／n＝2970）

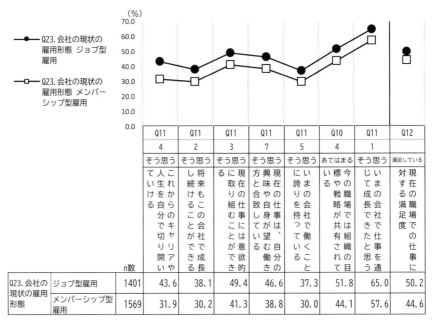

		n数	Q11 4 そう思う て人こ自し将続をこき来こ人て人こ分	Q11 2 そう思う れこをるでこ成このこの会社で長	Q11 3 そう思う る現取に組事むりの仕ことはが的	Q11 7 そう思う 方興現味在合がの身は自分の働致し事している	Q11 5 そう思う にいり誇会社のを持社でっ働いてくこと	Q10 4 あてはまる い標今戦略のが共有職場の目的目標がでは目共	Q11 1 そう思う じい成会社で長でと仕思うてきたと	Q12 満足している 対現す職る場での満足度仕事に
Q23. 会社の現状の雇用形態	ジョブ型雇用	1401	43.6	38.1	49.4	46.6	37.3	51.8	65.0	50.2
	メンバーシップ型雇用	1569	31.9	30.2	41.3	38.8	30.0	44.1	57.6	44.6

※ Q10、Q11はカイ二乗値を基に比率の差の大きい順に7項目を抜粋。

なので、ジョブ型企業で働いている「人」の状態を示す結果と言える。

5−2　ジョブ型志向の人はどんな人か

　次に、ジョブ型志向の（ジョブ型雇用を希望する）人の特徴を見ていこう。まず、そのうち約6割（67.2％）が現在ジョブ型企業で働いている。年齢階級、企業規模、役職では、ジョブ型志向とメンバーシップ型志向の間に明確な違いはない。ジェネリックスキルでも、リテラシーには有意差がなかった。

　ただ、コンピテンシーは、メンバーシップ型志向の人よりもジョブ型志向の人のほうが高い傾向にある（図表5−3）。

図表5-3 コンピテンシー総合の水準
（希望する雇用形態別／正社員全体／単一回答）

		高い	低い
	(%)		
全体	(n=2970)	37.8	62.2
Q24. 希望する雇用形態　ジョブ型雇用希望	(n=1797)	43.0	57.0
メンバーシップ型雇用希望	(n=1173)	29.9	70.1

　その他の設問で、メンバーシップ型志向の人と差異があるのは「自主的学びをする」「キャリアを自分で切り開ける（キャリア自律）」「仕事裁量がある」「仕事に意欲的（仕事エンゲージメント）」などで、これはジョブ型志向の人の特徴といえるだろう（図表5-4）。

図表5-4 仕事や職場の状況：それぞれ「あてはまる・計／そう思う・計」の割合
（希望する雇用形態別／正社員全体／n＝2970）

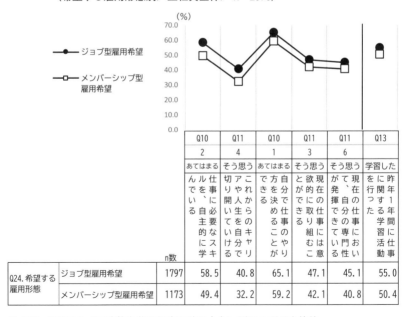

		n数	Q10 2 あてはまる ん仕事に必要なスキルを、自主的にでている	Q11 4 そう思う 切り開いているこれから人生を自分で	Q10 1 あてはまる で方自分の仕事のやり方を決めることができる	Q11 3 そう思う と欲的に取り組むこと が で き る 現在の仕事に意	Q11 6 そう思う が て 現在の自分の仕事において専門性を発揮できる	Q13 学習した をに昨年1年間仕事に関する学習活動を行する
Q24. 希望する雇用形態	ジョブ型雇用希望	1797	58.5	40.8	65.1	47.1	45.1	55.0
	メンバーシップ型雇用希望	1173	49.4	32.2	59.2	42.1	40.8	50.4

※ Q10、Q11はカイ二乗値を基に比率の差の大きい順に5項目を抜粋。

71

　働き方志向についての Q21、Q22でも差が出た（図表５‐５）。Q21「働き
方（職種や業務）は自分で決めたいか」では「そう思う」の割合、設問文の
やや似ている Q22‐4「【A】働き方を自分で決めたい／【B】組織の中で力
を発揮したい」でも【A】に「当てはまる」の割合が、ジョブ型志向の人で
多かった。ジョブ型志向は自立志向と近い関係にあるようだ。

図表5‐5 働き方志向：それぞれ「そう思う・計／あてはまる・計」の割合
（希望する雇用形態別／正社員全体／n＝2970）

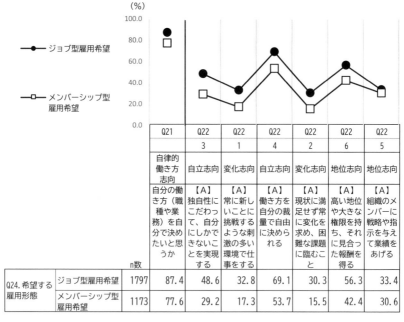

		Q21	Q22 3	Q22 1	Q22 4	Q22 2	Q22 6	Q22 5
		自律的働き方志向	自立志向	変化志向	自立志向	変化志向	地位志向	地位志向
	n数	自分の働き方（職種や業務）を自分で決めたいと思うか	【A】独自性にこだわって、自分にしかできないことを実現する	【A】常に新しいことに挑戦するような刺激の多い環境で仕事をする	【A】働き方を自分の裁量で自由に決められる	【A】現状に満足せず常に変化を求め、困難な課題に臨むこと	【A】高い地位や大きな権限を持ち、それに見合った報酬を得る	【A】組織のメンバーに戦略や指示を与えて業績をあげる
Q24.希望する雇用形態	ジョブ型雇用希望	1797	87.4	48.6	32.8	69.1	30.3	56.3	33.4
	メンバーシップ型雇用希望	1173	77.6	29.2	17.3	53.7	15.5	42.4	30.6

※ Q22はジョブ型とメンバーシップ型の差が大きい順にソート。

　Q22の設問では、ジョブ型志向の人は、Q22‐3「自分ならではの仕事をし
たい」でもメンバーシップ型志向の人より高い自立志向を見せ、「刺激的な
環境で仕事をしたい」「困難な課題に挑みたい」という変化志向もメンバー
シップ型志向の人よりは強かった。「【A】高い地位や報酬を得たい／【B】
より良い社会のために働きたい」という「地位・専心」志向では、「自立・
組織」志向、「変化・安定」志向に比べ、メンバーシップ型志向の人との差

は小さかった。

　ジョブ型志向の人は、コンピテンシーが高く、仕事への意欲があり、自主的学びをする傾向もある。学習活動も行っている。データは割愛するが、学びのアウトプット（活用・共有）もしている。このように特徴をあげると「優秀な人」とまとめることができそうにも見えるが、「仕事の評価」に有意な差はなかった。

5-3　働き方志向の現状と希望のマッチ・アンマッチ…………

　現在の職場（ジョブ型企業／メンバーシップ型企業）と自身の志向（ジョブ型志向／メンバーシップ型志向）の組み合わせで回答者を4つのタイプに分けると、「ジョブ型企業・ジョブ型志向」が約40%、「メンバーシップ型企業・ジョブ型志向」が20%弱、「メンバーシップ型企業・メンバーシップ型志向」は約30%、「ジョブ型企業・メンバーシップ型志向」は10%を切る

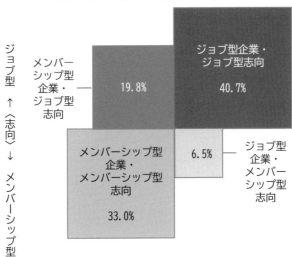

図表5-6　現状と希望による働き方志向の4タイプ
（正社員全体／ n＝2970）

（図表 5 - 6 ）。

　ここでは特にジョブ型志向の人に注目し、現状と希望がマッチしている「ジョブ型企業・ジョブ型志向」と、現状と希望がアンマッチな「メンバーシップ型企業・ジョブ型志向」とを比較してみたい。

　ジェネリックスキルを見ると（図表 5 - 7 ）、 4 タイプのうち最もリテラシーが高いのが「メンバーシップ型企業・ジョブ型志向」（アンマッチ）である一方、最もコンピテンシーが高いのは「ジョブ型企業・ジョブ型志向」（マッチ）となっている。

図表 5 - 7 リテラシー、コンピテンシー総合の水準：「高い」割合
（働き方志向 4 タイプ別／正社員全体）

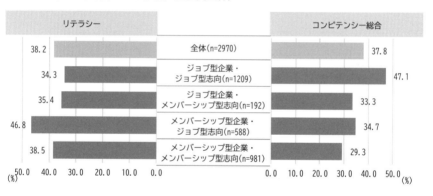

　仕事や職場の状況では、多くの設問で「ジョブ型企業・ジョブ型志向」（マッチ）が最大値（「あてはまる・そう思う」の割合）、「メンバーシップ型企業・ジョブ型志向」（アンマッチ）が最小値をとった（図表 5 - 8 ）。「将来もこの会社で成長できる（成長予感）」「いまの会社で働くことに誇りを持っている（会社エンゲージメント）」「職場満足度」「興味や希望する働き方と合致している」「キャリアを自分で切り開ける（キャリア自律）」「（今の会社での）成長実感」「専門性を発揮している」「仕事で評価されている」などの項目だ。中でも「キャリア自律」「成長予感」「会社エンゲージメント」はその差が顕著だった。逆に、差が小さかったり、ほとんどなかったのは「学習活動を行った」「学びの共有」「（すべての仕事を通しての）成長実感」などだ。

図表 5-8 仕事や職場の状況：それぞれ「あてはまる・計／そう思う・計」の割合
（働き方志向 4 タイプ別／正社員全体／ n＝2970）

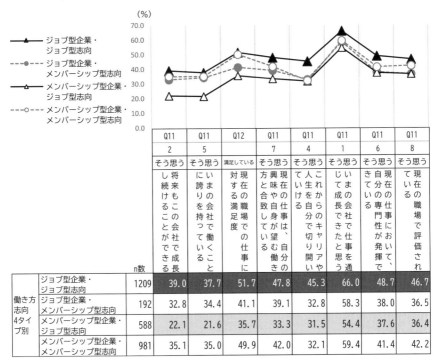

		n数	Q11 2 そう思う 将来もこの会社で成長し続けることができる	Q11 5 そう思う いまの会社で働くことに誇りを持っている	Q12 満足している 現在の職場での仕事に対する満足度	Q11 7 そう思う 現在の仕事は、自分が望む方向と合致している働きの	Q11 4 そう思う これからのキャリアや興味や自身が自分の人生もいける	Q11 1 そう思う いまの会社で成長できたと思う通し自分で切り開い	Q11 6 そう思う 自分の専門性が発揮できている現在の仕事において、	Q11 8 そう思う 現在の職場で評価されている
働き方志向 4 タイプ別	ジョブ型企業・ジョブ型志向	1209	39.0	37.7	51.7	47.8	45.3	66.0	48.7	46.7
	ジョブ型企業・メンバーシップ型志向	192	32.8	34.4	41.1	39.1	32.8	58.3	38.0	36.5
	メンバーシップ型企業・ジョブ型志向	588	22.1	21.6	35.7	33.3	31.5	54.4	37.6	36.4
	メンバーシップ型企業・メンバーシップ型志向	981	35.1	35.0	49.9	42.0	32.1	59.4	41.4	42.2

※濃い網掛けのセル＝最大値、薄い網掛けのセル＝最小値。
※「ジョブ型企業・ジョブ型志向」が最大で「メンバーシップ型企業・ジョブ型志向」が最小の項目の差が大きい順に8項目を抜粋。

　こう見てくると、「メンバーシップ型企業・ジョブ型志向」（アンマッチ）の人はさぞ仕事・職場に対する不満が多いのだろうと思えてしまう。その表れなのか、「メンバーシップ型企業・ジョブ型志向」（アンマッチ）の人の半数以上が転職を望んでいる（図表5-9）。

　もちろんこれは、メンバーシップ型企業に大きな欠陥があるためではない。そのことは、「メンバーシップ型企業・メンバーシップ型志向」の人の転職希望の割合が小さい（30.6％）ことからもわかる。問題は、働く人の志向とマッチしているか否かであり、その結果として個人にとって仕事満足度

図表 5 - 9 転職希望の割合（働き方志向 4 タイプ別／正社員全体／単一回答）

			Q29. 現在の転職希望	
			転職したい	転職したくない
		(%)		
全体		(n=2970)	40.1	59.9
働き方志向4タイプ別	ジョブ型企業・ジョブ型志向	(n=1209)	41.9	58.1
	ジョブ型企業・メンバーシップ型志向	(n= 192)	45.8	54.2
	メンバーシップ型企業・ジョブ型志向	(n= 588)	50.3	49.7
	メンバーシップ型企業・メンバーシップ型志向	(n= 981)	30.6	69.4

が高く、企業にとっては生産性が高い職場にしていくことが課題だ。

　そのとき、「ジョブ型かメンバーシップ型か」は、実は本質的な問題ではない。この章の冒頭で「ジョブ型企業増加の流れが続く」と述べたが、だからといって、すべての企業がジョブ型雇用に移行するわけではない。働く人をベースに考えても、全員がジョブ型志向になるわけでもない。現状と希望の組み合わせの 4 タイプは、割合が変わりながらも 4 タイプとも残っていくはずだ。企業としては、働き方の多様な志向に柔軟に対応できるような組織づくりや評価制度を考えていく必要があるのだろう。

5-4　働き方志向と仕事評価の 4 タイプ：高評価者の特徴 ‥‥‥

　ジョブ型志向で高評価の人と、メンバーシップ型志向で高評価の人では、なにが違うのかを分析するため、働き方の志向（ジョブ型志向／メンバーシップ型志向）と仕事の評価（高評価／低評価）との組み合わせで、回答者を4つのタイプに分ける。

　仕事や職場の状況について（図表 5 -10）、あまり大きな差はないが、「ジョブ型志向・高評価」の人は、「メンバーシップ型志向・高評価」の人より「自主的学び」「キャリア自律」「学びの共有」などで上回っている。逆に

図表 5-10 仕事や職場の状況：それぞれ「あてはまる・計／そう思う・計」の割合
（働き方志向と仕事評価4タイプ別／正社員全体／n=2970）

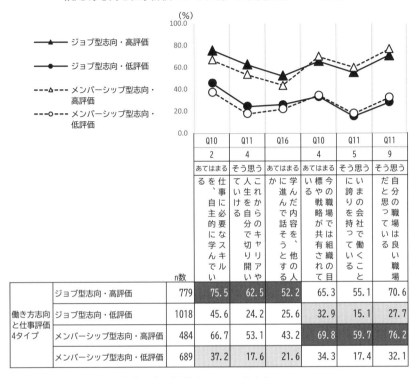

働き方志向と仕事評価4タイプ		n数	Q10 2 あてはまる 仕事に必要なスキルを、自主的に学んでいる	Q11 4 そう思う これからの自分のキャリアややりたい人生を自分で切り開いて話そうとする人	Q16 あてはまる 学んだ内容を、他の人に進んで話そうとする人	Q10 4 あてはまる 今の職場では組織の目標や戦略が共有されている	Q11 5 そう思う 今の会社で働くことに誇りを持っている	Q11 9 そう思う 自分の職場は良い職場だと思っている
	ジョブ型志向・高評価	779	75.5	62.5	52.2	65.3	55.1	70.6
	ジョブ型志向・低評価	1018	45.6	24.2	25.6	32.9	15.1	27.7
	メンバーシップ型志向・高評価	484	66.7	53.1	43.2	69.8	59.7	76.2
	メンバーシップ型志向・低評価	689	37.2	17.6	21.6	34.3	17.4	32.1

※濃い網掛けのセル＝最大値、薄い網掛けのセル＝最小値。
※「ジョブ型志向・高評価」あるいは「メンバーシップ型志向・高評価」が最大のものから6項目を抜粋。

　「目標の共有」「会社エンゲージメント」「良い職場」などでは、「メンバーシップ型志向・高評価」の人が上回っている。
　次に転職意向については、ジョブ型志向の人は44.7%に転職希望があり、メンバーシップ型志向の人の33.1%に比べて「転職したい」人が多い。しかし図表5-11をみると、ジョブ型志向の中でも高評価の人は、それほど転職したいわけではないようだ。「ジョブ型志向・高評価」の人の転職希望率は33.9%と、メンバーシップ型志向と同程度になる。経営陣にとっては、うれしい情報と言えよう。

図表 5-11 転職希望の割合
（働き方志向と仕事評価 4 タイプ別／正社員全体／単一回答）

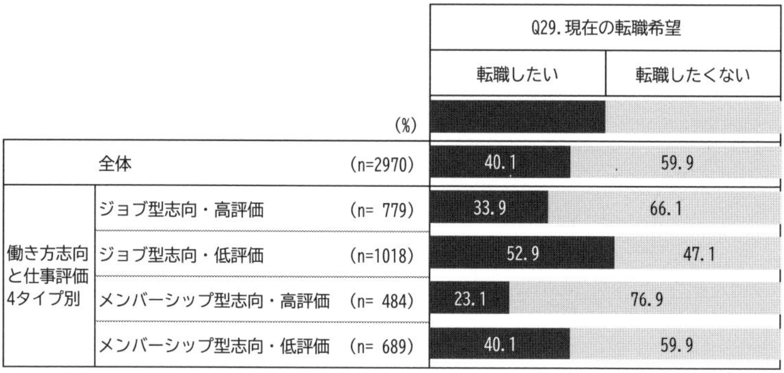

		Q29. 現在の転職希望	
		転職したい	転職したくない
	(%)		
全体	(n=2970)	40.1	59.9
働き方志向と仕事評価4タイプ別　ジョブ型志向・高評価	(n= 779)	33.9	66.1
ジョブ型志向・低評価	(n=1018)	52.9	47.1
メンバーシップ型志向・高評価	(n= 484)	23.1	76.9
メンバーシップ型志向・低評価	(n= 689)	40.1	59.9

　ジョブ型志向に比べると、メンバーシップ型志向は転職したい人が少なく、低評価でも約 6 割が転職を望まない。

★まとめ

1．ジョブ型企業で働く人は、自分の会社を働きやすい、よい職場と評価している。

2．ジョブ型志向の人は、コンピテンシーが高く、仕事に意欲的に取り組んでおり、学習行動もとっている。

3．「ジョブ型企業・ジョブ型志向」（マッチ）の社員は、仕事に意欲的で、評価されていると認識する傾向がある。しかし、「メンバーシップ型企業・ジョブ型志向」（アンマッチ）の社員は、将来において成長できない、仕事で評価されていないなどと感じる傾向があり、仕事（職場）満足度が低い。

4．転職希望が高いのは「メンバーシップ型企業・ジョブ型志向」（アンマッチ）、低いのは「メンバーシップ型企業・メンバーシップ型志向」（マッチ）。

5．ジョブ型志向とメンバーシップ型志向で比較すると、ジョブ型志向の人のほうが転職意向が高いが、「ジョブ型志向・高評価」であれば、それほど転職を望まない。

コラム6

ジョブ型志向の人の特徴とは

　第5章では、ジョブ型志向の（ジョブ型雇用を希望する）人に注目しながら、企業（職場）の現状と個人の志向の両面から、ジョブ型雇用・メンバーシップ型雇用についてさまざまに分析してきた。ここで今一度、「ジョブ型志向の人」の特徴を、デシジョン・ツリー分析で見ておこう。

　ノード0＝「正社員全体」を分割する説明変数は、コンピテンシーの大分類「対自己基礎力」だ。ジョブ型志向の人の割合が、対自己基礎力「低い」ノード1は53.6%、「高い」ノード2では68.4%という差が出ている。

　次の第2段階では、ノード1で「職場での孤立感」によって分岐が起こり、「孤立感を感じない」ノード3よりも、「感じる（そう思う）」ノード4のほうがジョブ型志向が多くなった。
　一方ノード2の分岐は「自主的に学んでいる」で起こっている。ノード5「あてはまらない」ではジョブ型志向が62.2%、ノード6「あてはまる」では71.2%となった。

　第3段階では、ノード3とノード4はコンピテンシー、ノード5とノード6は仕事や職場状況が説明変数となっている。ジョブ型志向の割合が大きい順にノード6から見ていくと、「良い職場である」で分岐し、「そう思わない」ノード13のほうがジョブ型志向が多く78.5%、「そう思う」ノード14は67.0%だった。次にノード5の分岐は「上司などが仕事の相談に乗ってくれる」で、「あてはまる」ノード11よりも「あてはま

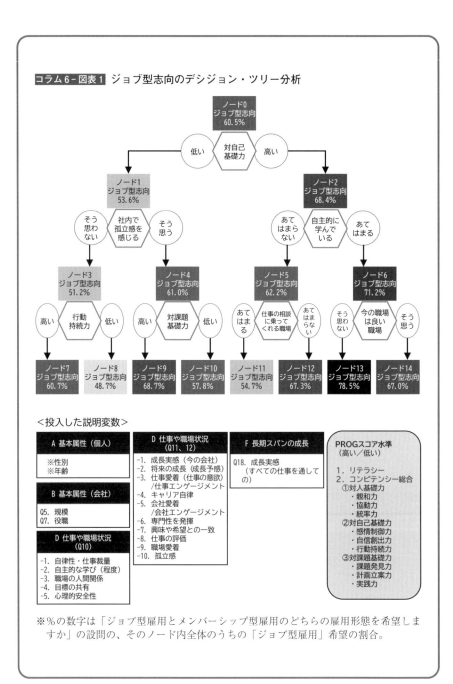

コラム 6 - 図表 1　ジョブ型志向のデシジョン・ツリー分析

<投入した説明変数>

A 基本属性（個人）
※性別 ※年齢

B 基本属性（会社）
Q5. 規模 Q7. 役職

D 仕事や職場状況 （Q10）
-1. 自律性・仕事裁量 -2. 自主的な学び（程度） -3. 職場の人間関係 -4. 目標の共有 -5. 心理的安全性

D 仕事や職場状況 （Q11、12）
-1. 成長実感（今の会社） -2. 将来の成長（成長予感） -3. 仕事愛着（仕事の意欲） 　　/仕事エンゲージメント -4. キャリア自律 -5. 会社愛着 　　/会社エンゲージメント -6. 専門性を発揮 -7. 興味や希望との一致 -8. 仕事の評価 -9. 職場愛着 -10. 孤立感

F 長期スパンの成長
Q18. 成長実感 　　（すべての仕事を通して 　　の）

PROGスコア水準
（高い／低い）

1. リテラシー
2. コンピテンシー総合
　①対人基礎力
　　・親和力
　　・協動力
　　・統率力
　②対自己基礎力
　　・感情制御力
　　・自信創出力
　　・行動持続力
　③対課題基礎力
　　・課題発見力
　　・計画立案力
　　・実践力

※％の数字は「ジョブ型雇用とメンバーシップ型雇用のどちらの雇用形態を希望しま
　すか」の設問の、そのノード内全体のうちの「ジョブ型雇用」希望の割合。

らない」ノード12のほうがジョブ型志向が多い。

　ここまでに出現した仕事・職場状況の4つの説明変数「職場での孤立感」「自主的に学んでいる」「良い職場である」「上司などが仕事の相談に乗ってくれる」をつなげると、ジョブ型志向の人は、「孤立感があり、自主的に学んでいて、良い職場ではなく、上司は相談に乗ってくれない職場」となる。ただこれは、「孤立感があっても仕事に支障はなく、他の人がどうであれ自主的に学び、良い職場でなくても上司が相談に乗ってくれなくても、気にしない」という、逞しい企業人という見方もできそうだ。

　あるいはジョブ型志向の人は、職場に「居心地の良さ」のようなものをあまり求めないのかもしれない。裏返して「メンバーシップ型志向の人は、職場に居心地の良さを求める」とすると、納得がいく。

　第3段階に戻ると、ノード3は対自己基礎力の中分類である行動持続力、ノード4は大分類の対課題基礎力と、いずれもコンピテンシーが「高い」ほうがジョブ型志向が多くなっている。第1段階の対自己基礎力と合わせ、コンピテンシーが「高い」のはジョブ型志向の人の特徴の1つといえそうだ。

　3段階の分岐を経て形成された8つのノード（7〜14）のうち、ジョブ型志向の人の割合が最も大きいのはノード13だった。「対自己基礎力が高く、自主的に学んでいて、今の職場は良い職場とは思わない」のがジョブ型志向の人の特徴ということになる。反対に、ジョブ型志向が最も少なかったのがノード8で、ジョブ型志向よりメンバーシップ型志向のほうが多いのは「対自己基礎力は低く、孤立感は感じない、行動持続力（自分にこだわりをもって最後までやりとげようとする力）も低い」というこのノードのみだ。

　改めて全体を見て「ジョブ型志向の人はどんな人か」を考えてみると、第2段階と第3段階で計4つ登場している仕事・職場状況の説明変数での分岐の状況から、「まわりがどうであれ、自分がしっかりしていればよいのだ」とでもつぶやきそうな人物像が浮かび上がる。それを裏打ちしているのが、コンピテンシーの高さなのかもしれない。

第2部

テーマ別分析編

―人的資本経営の
可視化に向け
５つの課題を解明―

第6章 仕事評価を規定する要因は何か
―キャリア自律の重要性―

　第6章では、企業において、仕事の評価が高いのはどのような人なのか、どのような要因が仕事の評価に影響を与えるのか、基礎的な分析をしたのちに、パスモデルによって示す。

6-1　仕事評価が高い人の特徴 ······························

　第3章で示したように、3000人以上の大企業を除き、仕事の評価とリテラシーには関連がない。一方、コンピテンシーは、どの企業規模でも仕事の評価との関連がある。つまり、仕事評価が高い人はコンピテンシーが高い。

　それ以外の、仕事の評価が高い人の特徴を見てみよう。

　仕事の評価が高い（Q11-8「現在の職場で評価されている」に「そう思う」）人は、大学時代の成績が良く、大学生活全般の満足度は高い。仕事や職場状況に関する設問のすべてで「そう思う・あてはまる」（Q11-10「孤立感」のみ「そう思わない」）が多い。上司などは仕事の相談に乗ってくれ（Q10-3）、目標は共有され（Q10-4）、安心して発言できる（Q10-5）という、良い職場の中で、仕事を通じた成長実感を持ち（Q11-1）、成長予感もある（Q11-2）というわけだ。

　仕事に関する学びでは、学習行動をとる傾向が強いだけでなく、学びのアウトプットで、共有・活用ともに「あてはまる」割合が大きいのが注目点だ（図表6-1）。全体では約3分の1しか行わない「学びの共有」を、仕事の評価が高い人は半数近く（48.8%）が行っている。「学びの活用」も、全体で約7割のところ、仕事の評価が高い人は8割以上と、差が見られた。

　働き方志向（図表6-2）では、「変化・安定」では困難な課題に取り組み

図表6-1 学びのアウトプット（共有・活用）：「あてはまる・計」の割合
（仕事の評価別／正社員全体／ n ＝2970）

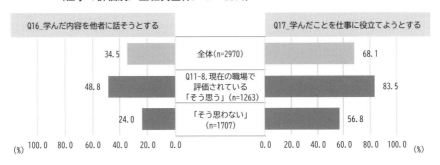

図表6-2 働き方志向：それぞれ「そう思う・計／あてはまる・計」の割合
（仕事の評価別／正社員全体／ n ＝2970）

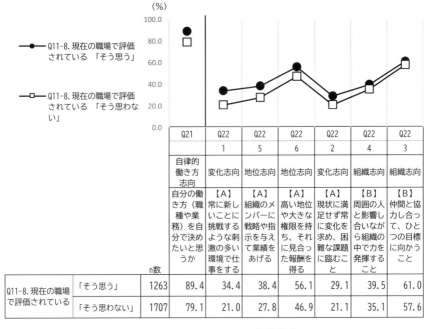

		n数	Q21 自律的働き方志向 自分の働き方（職種や業務）を自分で決めたいと思うか	Q22 1 変化志向 【A】常に新しいことに挑戦するような刺激の多い環境で仕事をする	Q22 5 地位志向 【A】組織のメンバーに戦略や指示を与えて業績をあげる	Q22 6 地位志向 【A】高い地位や大きな権限を持ち、それに見合った報酬を得る	Q22 2 変化志向 【A】現状に満足せず常に変化を求め、困難な課題に臨むこと	Q22 4 組織志向 【B】周囲の人と影響し合いながら組織の中で力を発揮すること	Q22 3 組織志向 【B】仲間と協力し合って、ひとつの目標に向かうこと
Q11-8. 現在の職場で評価されている	「そう思う」	1263	89.4	34.4	38.4	56.1	29.1	39.5	61.0
	「そう思わない」	1707	79.1	21.0	27.8	46.9	21.1	35.1	57.6

※ Q22は仕事の評価別の差が大きい順にソート。また【A】【B】それぞれの対になる項目は巻末付表4を参照。

たいといった「変化」への志向がある。「地位・専心」では「地位」への志向があるが、仕事評価が高くない社員との差は、「権限・報酬」の設問より「メンバーと業績を上げたい」設問で大きい。「地位」はジェネラリスト志向、対置される「専心」はスペシャリスト志向、との捉え方もできそうだ。

「自立・組織」は、どちらかといえば「組織」志向だが、2問中1問は小差、もう1問は有意差なしで、明確な特徴とは言えない。

ジョブ型企業で働いている人が50.3%。特に多いとは感じられないが、全体ではメンバーシップ型企業で働く人の方が多い（52.8%）ことに照らして、仕事の評価が高い人の特徴が出ているといえそうだ。

転職したい人は29.8%。仕事で評価されてない人の転職希望47.7%と比べてかなり低い。

6-2　仕事評価モデル······························

コンピテンシーの高さ、学習行動など、ここまでに挙げた要素は、どのような経路をたどって仕事の評価に繋がるのか。また、その他の要素との関係はどうなっているのか。パス解析を行って全体構造を解析していく。

1）基本モデル

パス解析とは、複数の要素（変数）間の相関関係・因果関係の構造を解明するための手法である。

13大学卒業生調査の分析を主軸とした『PROG白書2021』では、「在学中のコンピテンシーが高いほど、将来の仕事で評価を受ける可能性が高い」という仮説のもとに、在学中のコンピテンシーやリテラシー、卒業後のキャリア意識など変数間の関係（繋がり）を示すパスモデルを作成した（図表6-3）。仕事の評価が高く、仕事満足度とキャリア意識も高いという、「キャリアの成功」が、何によってもたらされるかを示した構造図である。そこから分かることは以下のとおり。

大学時代のPROGコンピテンシーの高低は、卒業後の「仕事の評価」に

図表6-3 キャリアの成功構造（採択モデル）
（※『PROG白書2021』P. 43 図表 1-2-15を再掲）

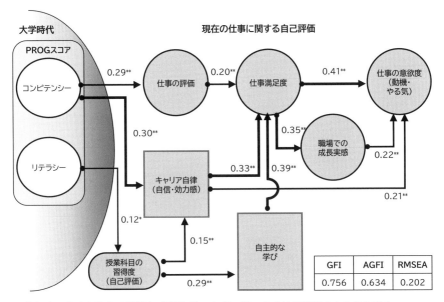

※各経路に付けた数字は影響度（関連度）。矢印の線の太さは影響度の大きさを表す。
　〈最も太い実線＝0.30以上、太い実線＝0.15以上～0.30未満、細い実線＝0.05以上～0.15未満〉
※＊＊＝1％有意、＊＝5％有意。
※右下の3つの数字は、いずれもモデル全体の適合度を示す指標。GFI や AGFI は1に近いほど当てはまりがよい。RMSEA は小さいほど当てはまりがよく、0.05以下が望ましいとされる。

影響する。同時に PROG コンピテンシーは、さまざまな経路（パス）を通じて「仕事満足度とキャリア意識」に対して影響を及ぼす。また、在学中のリテラシーは授業科目の習得度（自己評価）因子を介してキャリア自律度や自主的な学びに影響を与えるが、その影響度は相対的に大きくはない。

　今回はこの分析結果をベースに、まず、過去（大学時代）の PROG スコアの代わりに、PROG テストで測定した現在のリテラシー・コンピテンシーを用いても、同じようなキャリアの成功構造が得られると予測した。変数や経路を変えて検証し、最終的に、リテラシー・コンピテンシー、仕事の評価

のほか、学習行動（Q10-2「自主的に学んでいる」を使う）、キャリア自律、大学時代の成績を変数とする、図表6-4のモデルを採用した。

　ここからは、影響度（関連度）を示すパス係数を用いながら、要因間の関連を見ていく。

図表6-4 仕事評価モデル（基本）

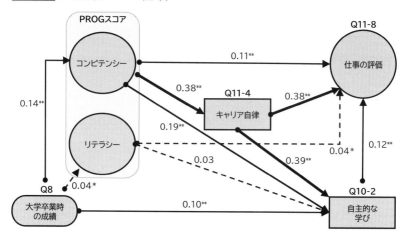

GFI	AGFI	RMSEA
0.994	0.969	0.065

※各経路に付けた数字は影響度（関連度）。矢印の線の太さは影響度の大きさを表す。
　〈最も太い実線＝0.30以上、太い実線＝0.15以上〜0.30未満、細い実線＝0.05以上
　〜0.15未満、破線＝0.05未満〉
※**＝1％有意、*＝5％有意。
※右下の3つの数字は、いずれもモデル全体の適合度を示す指標。GFIやAGFIは1
　に近いほど当てはまりがよい。RMSEAは小さいほど当てはまりがよく、0.05以下
　が望ましいとされる。
※Q8、Q10、Q11の具体的な設問文は巻末付表4を参照。
※図表6-5、6-7も同様。

　基本モデルでは、コンピテンシーから直接仕事の評価に繋がるパスの係数が0.11であるのに対し、コンピテンシーがキャリア自律へのパスは0.38、キャリア自律から仕事の評価へのパスも0.38と、相対的に大きい。これは、コ

ンピテンシーが直接仕事の評価を高めるというより、コンピテンシーがキャリア自律を高め、キャリア自律が仕事評価を高めるという構造になっていることを示している。

　また、コンピテンシーの高さは、自主的学びも増加させる（0.19）。一方、リテラシーは自主的学びにあまり影響を与えない（0.03）。大学成績からリテラシーへのパス係数は0.04、コンピテンシーへのパス係数は0.14で、「大学の教育は認知的領域であるリテラシー以上に、態度・姿勢まで含めた非認知能力であるコンピテンシーの育成に寄与する。」ということも分かる。

２）年代別

　次に、年代別のパスモデルを作り、年代によって違いがあるのかを見てみよう（図表６-５）。

　20代では、「リテラシー→自主的学び」「大学成績→自主的学び」「大学成績→リテラシー」「大学成績→コンピテンシー」のパスは有意でない。

　しかし30代では、「大学成績→リテラシー」のパスは有意でないものの、「大学成績→自主的学び」「大学成績→コンピテンシー」のパスが生きてくる。

　40代になると、「大学成績→リテラシー」「リテラシー→自主的学び」「リテラシー→仕事評価」のパスが有意でなくなる。40代では、リテラシーがあまり意味をなさなくなると言えそうだ。さらに、「コンピテンシー→仕事評価」「自主的学び→仕事評価」へのパスも弱まる。「コンピテンシー→仕事評価」のパス係数は、20代の0.14から30代0.13へは小幅の減少だが、40代で0.09と明らかに低下する。「自主的学び→仕事評価」も似た傾向で、20代0.14、30代0.13から40代でぐっと下がって0.09だ。

　つまりコンピテンシーが高いだけ、学ぶだけでは不十分であることが、40代ではっきりする。コンピテンシーがキャリア自律を高め、そのキャリア自律が高いことで、自主的学びを増やし、仕事評価を高めるのは、基本モデルにも表れていた構造だ。パス係数で見ると、「キャリア自律→自主的学び」は20代0.34・30代0.37・40代0.44、「キャリア自律→仕事評価」は20代0.35・

図表6-5 仕事評価モデル（年代別）

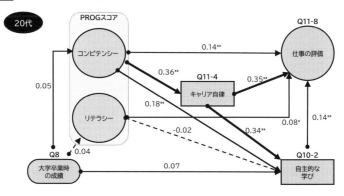

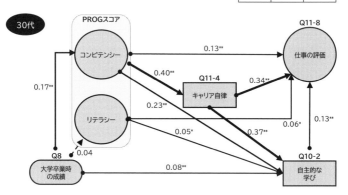

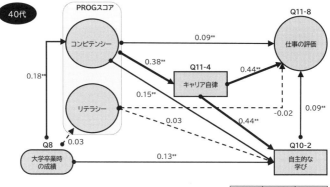

30代0.34・40代0.44と、年齢とともに上昇する。「コンピテンシー→キャリア自律」は20代0.36、30代0.40、40代0.38と、ほぼ一貫して高い。

　これには、40代の「仕事評価」の内容が、20代・30代とは多少異なるという推測もできる。自分のコンピテンシー・自分の学びだけではない、外部要因が加わってくるのだろう。管理職に就けば、部下の評価も自分の評価にかかわるし、職位を問わず後進の指導のような役割を期待されることも多いだろう。

　一方、30代で有意になった「大学成績→コンピテンシー」のパスは、40代でも有効だ。「大学成績→自主的学び」のパスも同様で、20代0.07（有意性なし）・30代0.08・40代0.13となっている。大学成績の仕事評価への影響は、複数のパスを通じて30代に表れ、40代も持続することが見てとれる。

　これは、大学成績が「後で効いてくる」ものと考えることができる。第3章で、コンピテンシーは年齢とともに伸びる傾向があることを述べたが、図表6-6には、その過程で大学時代の成績が影響し続け、コンピテンシーの差が大きくなっていくことが示されている。

　大学成績は、単にその時点（「卒業時」もしくは「在学中」）のスコア・評

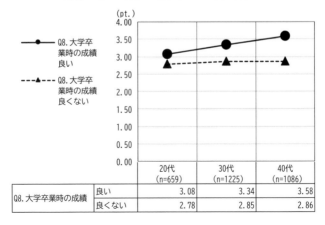

図表6-6　コンピテンシー総合の平均スコア
（年齢×学生時代の成績別／正社員全体）

Q8.大学卒業時の成績		20代 (n=659)	30代 (n=1225)	40代 (n=1086)
	良い	3.08	3.34	3.58
	良くない	2.78	2.85	2.86

点だけではなく、「学びぐせ」ともいうべき行動特性と捉えることができる。卒業後も「学びぐせ」によって学び続けることで、「学びぐせ」のない人（≒大学成績の良くない人）との差が拡大していき、大学成績の作用が顕在化する。

3）管理職

　管理職のみを対象としたモデル（図表6-7）で見ると、「大学成績→リテラシー」「リテラシー→自主的学び」「リテラシー→仕事評価」「コンピテンシー→仕事評価」「自主的学び→仕事評価」のパスは、いずれも有意ではない。

図表6-7 仕事評価モデル（管理職）

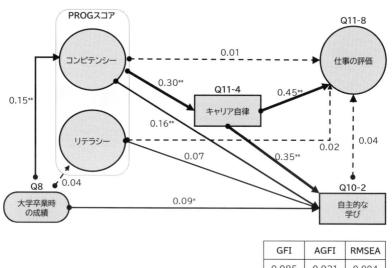

	GFI	AGFI	RMSEA
	0.985	0.921	0.094

　つまりコンピテンシーが高いだけ、学ぶだけでは評価されない。40代に近い傾向だ。仕事評価への影響が大きいのはキャリア自律（0.45）で、キャリア自律しているほど、仕事評価が高くなる。

　40代のモデルで触れたように、管理職の「仕事評価」が一般社員とは異な

り、部下の行動・評価という外部要因を含むことが関係していると思われる。

★まとめ

1．仕事評価が高い社員は、学習行動をとり、学びを活用しようとするだけでなく、共有しようとする。仕事を通した成長実感があり、職場を肯定的に捉えており、仕事満足度が高い。

2．仕事評価が高い社員は、「変化・安定」では「変化」、「地位・専心」では「地位」への志向がある。「自立・組織」では、自立志向はみられず、弱い組織志向がある。

3．パスモデルでは、コンピテンシーの高さがキャリア自律に影響を与え、そのキャリア自律が仕事評価の高さに影響を与えることが示された。管理職にも共通の特徴が見られた。20代、30代、40代と年齢が上がるほど、キャリア自律の影響は大きくなる。

4．大学成績からコンピテンシーへの影響は、卒業後「遅れて」表れる。大学成績で表現される学習習慣が継続的に作用し、蓄積していくものと思われる。

個人のエンゲージメントを高めるものは何か
―ジョブ型雇用社会への提言―

第7章では、企業で重視されている社員のエンゲージメントについて検討する。

人事・人材分野においてエンゲージメントは、一般的に「会社に対する誇りや思い入れ、会社への貢献の意思」と理解されている。社員のエンゲージメントを高める企業の施策は、生産性向上とともに、離職率を低下させるために有効と考えられ、とりわけ、日本の産業の「生産性の低さ」「人口減少による人手不足」に危機感が高まるにともない、ますます重視されるようになってきた。さらに「ジョブ型雇用」への移行が進み人材の流動性が高まり始めると、エンゲージメントは人材流出防止と結び付ける文脈でより注目されるようになった。

しかし「会社に対する誇りや思い入れ、会社への貢献の意思」があることと、「仕事に対してポジティブな感情をもって積極的に取り組む」こと、平たく言えば「嫌がらずに、生き生きと働く」こととは、区別して考えることもできる。

例えばプロスポーツ選手が、自らのパフォーマンスをよりよく発揮することを目指して移籍するのは、「チームへの思い入れ」よりも「仕事そのものへの積極性」が高いからだと考えられる。そういう選手を「エンゲージメントが低い」とはいえないだろう。

ここでは前者を「会社エンゲージメント」、後者を「仕事エンゲージメントと呼び、その関係について整理し、エンゲージメントが高い社員の特徴を示し、仕事エンゲージメントはどのような要因によって成り立つのかを、パスモデルによって示す。

7-1　エンゲージメントが高い人の特徴 ·····················

　本調査では、「仕事エンゲージメント」の指標としては Q11-3「現在の仕事には意欲的に取り組むことができる」、会社エンゲージメントの指標としては Q11-5「いまの会社で働くことに誇りをもっている」を用いる。それぞれのエンゲージメントが高い人（「そう思う」回答者）の特徴を見ていこう。

　仕事エンゲージメントが高い人は（図表7-1）、（そうでない人に比べて）学生時代の成績がよく、学生生活全般の満足度も高い。

　「将来もこの会社で成長できる（成長予感）」「キャリアを自分で切り開ける（キャリア自律）」「現在の職場で評価されている（仕事の評価）」などの項目で、「あてはまる・そう思う」度合いが高く、仕事（職場）満足度も高

図表7-1 学生時代や仕事や職場の状況：「あてはまる・計／そう思う・計」の割合
（仕事への意欲＝仕事エンゲージメント別／正社員全体／n＝2970）

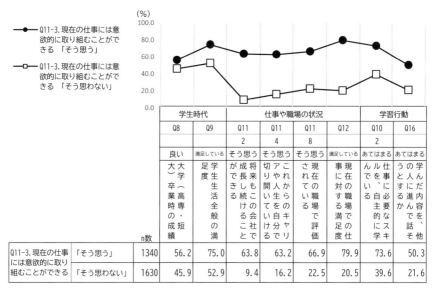

			学生時代		仕事や職場の状況				学習行動	
		n数	Q8 良い 大（大）卒業時の成績〜学・高専・短	Q9 満足している 学生生活全般の満足度 足	Q11 2 そう思う 成長もできるこの会社でが将来続ける	Q11 4 そう思う 切り開いていけるこれからのキャリアをアこれからの人生を自分で	Q11 8 そう思う 現在の職場で評価されている	Q12 満足している 現在の職場満足度に対する仕事	Q10 2 あてはまる 仕事に必要なスキルを、自主的に学んでいる	Q16 あてはまる 学んだ内容を、人にするか他で話す・うの進める
Q11-3.現在の仕事には意欲的に取り組むことができる	「そう思う」	1340	56.2	75.0	63.8	63.2	66.9	79.9	73.6	50.3
	「そう思わない」	1630	45.9	52.9	9.4	16.2	22.5	20.5	39.6	21.6

※図表7-1、7-2では「学生時代」「仕事や職場の状況」「学習行動」について特徴的な8項目を抜粋。

い。特に「成長予感」の要素は強力で、仕事エンゲージメントの高低で大きな差が見られる。

　仕事に関する学びでは、自主的な学びの傾向が強いだけでなく、学びのアウトプット（学びの活用・共有）で差が出ている。

　なお、仕事エンゲージメントの高い人の約6割（61.6%）が、会社エンゲージメントが高い。

　会社エンゲージメントが高い人の回答傾向は（図表7‐2）、仕事エンゲージメントが高い人のそれとよく似ている。学生時代、仕事や職場状況、仕事に関する学びのいずれの項目群においても、似通った傾向が出ているのだ。仕事エンゲージメントで特に強力だった「成長予感」は、会社エンゲージメントでもその高低による差がさらに大きかった。また、会社エンゲージメントの高い人の約8割（83.2%）が、仕事エンゲージメントが高い。

図表7‐2 学生時代や仕事や職場の状況：「あてはまる・計／そう思う・計」の割合
（会社への誇り＝会社エンゲージメント別／正社員全体／n＝2970）

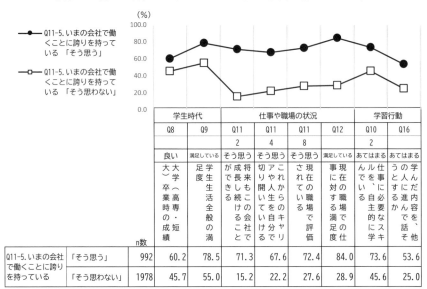

		n数	学生時代		仕事や職場の状況				学習行動	
			Q8	Q9	Q11 2	Q11 4	Q11 8	Q12	Q10 2	Q16
			良い	満足している	そう思う	そう思う	そう思う	満足している	あてはまる	あてはまる
			大学（大学・高専・短大）卒業時の成績	学生生活全般の満足度	が成長し続けられる会社であること	将来もこの会社で	切り開いていけるアれからの人生をやり	さ現れている職場で評価	事に対する職場満足度仕現在の	んル仕事に必要なスキ人でも自主的に学	うの学ぶ内容とする他人とすすんで、話そか
Q11-5. いまの会社で働くことに誇りを持っている	「そう思う」	992	60.2	78.5	71.3	67.6	72.4	84.0	73.6	53.6
	「そう思わない」	1978	45.7	55.0	15.2	22.2	27.6	28.9	45.6	25.0

　前述のとおり、「仕事エンゲージメント」「会社エンゲージメント」は概念としては異なるものだが、「エンゲージメントの高い人の特徴」としてはかなり似ていることがわかる。

　似た傾向の中であえて違いを探すと、学生時代に関する2項目（成績、学生生活満足度）と、仕事や職場状況に関する項目のうち「成長予感」「仕事の評価」「良い職場である」「目標の共有」のみが、会社エンゲージメントのほうが（エンゲージメントの）高い人と低い人の差が大きかった。

　企業としては、「会社エンゲージメント」「仕事エンゲージメント」のどちらの向上を目指しても、施策はかなり似たものになるとも考えられる。

7-2　仕事エンゲージメントモデル

　ジョブ型志向の人は、メンバーシップ型志向の人よりも仕事エンゲージメントが高く有意な差が見られた。一方、会社エンゲージメントには差がなかった（図表7-3）。

　ジョブ型志向の人やジョブ型企業が今後、増えていくことを想定し、ジョブ型志向の人で差がついた「仕事エンゲージメント」の成立要因を解明していこう。

　第6章と同様に、どの要素がどのような経路をたどって仕事エンゲージメ

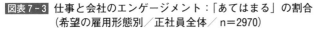

図表7-3　仕事と会社のエンゲージメント：「あてはまる」の割合
　　　　　（希望の雇用形態別／正社員全体／n＝2970）

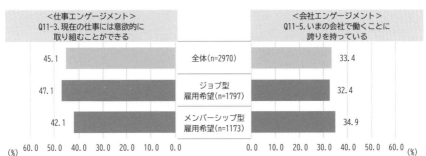

ントに繋がるのか、パスモデルを作って解析していく。

１）基本モデル

　成長予感、仕事の評価、仕事満足度、職場環境（Q10-3「上司などが仕事の相談に乗ってくれる（周囲のサポート）」、Q10-4「目標の共有」、Q10-5「安心して発言できる（心理的安全性）」からなる）を変数とするモデルとなった（図表7-4）。

　職場環境は、仕事の評価にパス係数0.64と強い影響を与えている。仕事の評価が高い人は、自分の職場の環境が良いと認識しているわけだ。また職場

図表7-4 仕事エンゲージメントモデル（基本）

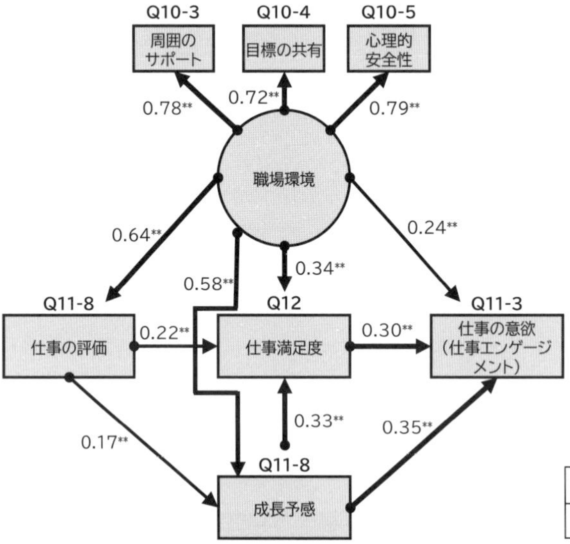

	GFI	AGFI	RMSEA
	0.989	0.967	0.061

※各経路に付けた数字は影響度（関連度）。矢印の線の太さは影響度の大きさを表す。
　〈太い実線＝0.30以上、実線＝0.15以上～0.30未満。〉
※** ＝ 1 ％有意、* ＝ 5 ％有意。
※右下の 3 つの数字は、いずれもモデル全体の適合度を示す指標。GFI や AGFI は 1 に近いほど当てはまりがよい。 RMSEA は小さいほど当てはまりがよく、0.05以下が望ましいとされる。
※ Q10、Q11、Q12の具体的な設問文は巻末付表 4 を参照。
※図表 7-5 も同様。

環境は、成長予感にも強い影響を与えている（パス係数0.58）。社員に「将来もこの職場で成長できる」と思わせるには、企業は「周囲のサポート」「目標の共有」「心理的安全性」の３つの職場環境を整えることが必要だといえそうだ。

　仕事エンゲージメントを高めるのは、成長予感、仕事満足度、職場環境の３つの要素だ。職場環境は、仕事の評価や成長予感を介してだけでなく、直接的にも仕事エンゲージメントを高める、重要な要素といえる。

２）ジョブ型志向の人のみ

　ジョブ型志向の人のみに限定して作成したパスモデル（図表７‐５）は、正社員全体と大きな違いがなかった。職場環境（周囲のサポート、目標の共有、心理的安全性）から仕事評価へのパスが最も強く、次いで職場環境から成長予感へのパスであること、仕事エンゲージメントが成長予感、仕事満足度、職場環境の３つの要素で規定されていること、いずれも正社員全体と同じで、パス係数にも極端な差はなかった。

図表７‐５　仕事エンゲージメントモデル（ジョブ型志向の人）

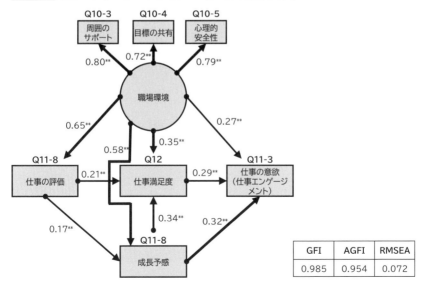

　「ジョブ型志向の人」は、職場環境よりも仕事の評価（仕事そのもので高く評価されること）に関心が高いと思われがちだが、必ずしもそれだけではない。メンバーシップ型志向の人と同様に、良好な人間関係やコミュニケーションを中心とする職場環境の良さを求めている。つまり、ジョブ型雇用対応として「仕事評価」のあり方を見直すのは、ある種「的外れ」なのかもしれない。少なくとも仕事エンゲージメント向上に関しては、職場環境をよりよくしていくことのほうが、ジョブ型志向の社員に対しても有効だと考えられる。

★まとめ

1．「会社エンゲージメントが高い人」と「仕事エンゲージメントが高い人」の特徴は共通している。
2．エンゲージメントが高い社員は、成長予感をもち、仕事満足度が高い。
3．仕事エンゲージメントは、ジョブ型志向の人がメンバーシップ型志向の人よりも高い。会社エンゲージメントは働き方志向による差がない。
4．仕事エンゲージメントを高めるのは、成長予感、仕事満足度、職場環境の良さ（周囲のサポートがある、目標の共有、心理的安全性）であることがパスモデルで示された。
5．職場環境の良さは、直接的にも、また、成長予感などの経路を介しても仕事エンゲージメントを高めるために、重要な要素といえる。

管理職は
どのような特徴を持つのか
─社員育成への示唆─

第8章

　管理職の特徴を見ることで、どのような社員が仕事を通して成長して、いずれ役職につくのかという示唆が得られるのではないか。

8-1　管理職のリテラシー・コンピテンシー・・・・・・・・・・・・・・・・・・・

　役職が高くても、リテラシーは決して高くない（図表8-1）。これは年齢とともにリテラシーが低下する傾向に伴うものだろう。それに加えて役職に

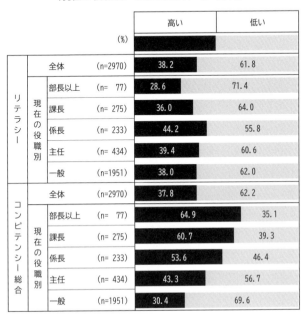

図表8-1　リテラシー、コンピテンシー総合の水準
（現在の役職別／正社員全体／ n＝2970）

			高い	低い
		(%)		
リテラシー	全体	(n=2970)	38.2	61.8
	現在の役職別 部長以上	(n= 77)	28.6	71.4
	課長	(n= 275)	36.0	64.0
	係長	(n= 233)	44.2	55.8
	主任	(n= 434)	39.4	60.6
	一般	(n=1951)	38.0	62.0
コンピテンシー総合	全体	(n=2970)	37.8	62.2
	現在の役職別 部長以上	(n= 77)	64.9	35.1
	課長	(n= 275)	60.7	39.3
	係長	(n= 233)	53.6	46.4
	主任	(n= 434)	43.3	56.7
	一般	(n=1951)	30.4	69.6

就くと、経験や学習から獲得した理解力、洞察力を駆使することが一般社員より多くなるため、PROGのリテラシーに相当する「新しい情報を素早く直感的に処理していく能力」があまり使われなくなり、低下しがちになることも考えられる。（第3章コラム「リテラシーが高い人の特徴とは」参照）。

一方、コンピテンシーは役職が上がるにつれて高くなる傾向にある。

管理職（課長以上）と一般社員（一般〜係長以下）とに大きく2つに分けて見てみると、「管理職でリテラシーの高い人は決して多くない（図表8−2）。むしろ一般社員に比べやや少ない」「管理職は一般社員と比べてコンピテンシーの高い人がかなり多い」ことがわかる。

図表8−2 リテラシー×コンピテンシー水準4タイプ
（現在の役職別／正社員全体／ n＝2970）

			リテラシー低・コンピテンシー低	リテラシー低・コンピテンシー高	リテラシー高・コンピテンシー低	リテラシー高・コンピテンシー高
		(%)				
	全体	(n=2970)	37.0	24.7	25.2	13.1
現在の役職	管理職	(n= 352)	23.6	42.0	14.8	19.6
	一般社員	(n=2618)	38.8	22.4	26.5	12.2

※「管理職」は課長以上、「一般社員」は一般〜係長以下。以下同様。

8-2　管理職が望む自らの働き方 ·····························

管理職の職業志向は（図表8−3）、「変化・安定」では一般社員に比べ「変化」への志向がある。「地位・専心」では「地位」（選択肢【A】）に近いという回答が半数以上で、地位志向がかなり強い。実際に地位のある回答者なので、当然といえば当然かもしれない。第6章（「仕事評価の高い人の特徴」）では、「地位」はジェネラリスト志向／「専心」がスペシャリスト志向という捉え方を示したが、管理職という文脈では「地位」はマネジメント志向と表現することもできそうだ。

「自立・組織」は「働き方を自分の裁量で決められる」が7割に近いなど「自立」志向だが、一般社員との差は小さく、明確な特徴とは言い難い。

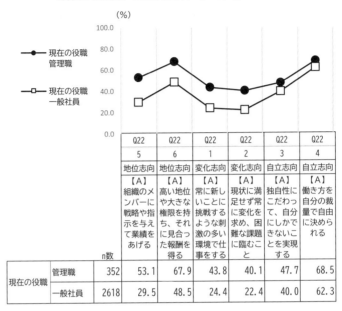

図表8-3 職業志向：それぞれ「あてはまる・計」の割合
（現在の役職別／正社員全体／n=2970）

		n数	Q22 5 地位志向 【A】組織のメンバーに戦略や指示を与えて業績をあげる	Q22 6 地位志向 【A】高い地位や大きな権限を持ち、それに見合った報酬を得る	Q22 1 変化志向 【A】常に新しいことに挑戦するような刺激の多い環境で仕事をする	Q22 2 変化志向 【A】現状に満足せず常に変化を求め、困難な課題に臨むこと	Q22 3 自立志向 【A】独自性にこだわって、自分にしかできないことを実現する	Q22 4 自立志向 【A】働き方を自分の裁量で自由に決められる
現在の役職	管理職	352	53.1	67.9	43.8	40.1	47.7	68.5
	一般社員	2618	29.5	48.5	24.4	22.4	40.0	62.3

※管理職と一般社員の差が大きい順にソート。

8-3　管理職の学習行動 ·

　管理職は、自主的に学んでおり、実際に学習活動も行っている（図表8-4）。

　また、管理職は一般社員と比べて、何を学ぶべきか分かっており、学びの共有・活用にも積極的だ。因果関係は定かではないが学ぶ姿勢と態度には関係があることがわかる。

8-4　管理職の仕事経験と成長実感 ·

　管理職は、前職も含めこれまでのすべての仕事経験を通して、成長したと感じている（図表8-5）。

図表 8 - 4 学習行動：それぞれ「あてはまる・計／そう思う・計」の割合
（現在の役職別／正社員全体／ n＝2970）

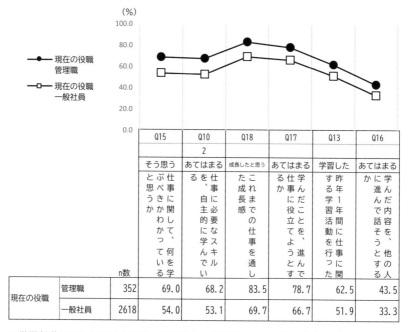

凡例：
- ●　現在の役職　管理職
- □　現在の役職　一般社員

		Q15	Q10 2	Q18	Q17	Q13	Q16
		そう思う	あてはまる	成長したと思う	あてはまる	学習した	あてはまる
	n数	ぶ仕事に関して、何を学べきかわかっていると思うか	を仕事に必要なスキルを、自主的に学んでいる	たこれまでの仕事を通し成長の感	る仕事に役立てようと学んだことを進んで	する昨年1年間に仕事に関学習活動を行った	かに学んだ内容を、他の人進んで話そうとする
現在の役職　管理職	352	69.0	68.2	83.5	78.7	62.5	43.5
現在の役職　一般社員	2618	54.0	53.1	69.7	66.7	51.9	33.3

※学習行動に関わる項目を抜粋。管理職と一般社員のスコア差の大きい順にソート。

図表 8 - 5 これまでの仕事を通した成長感
（現在の役職別／正社員全体）

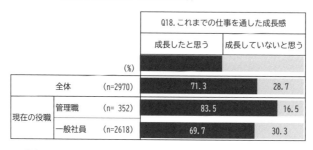

			成長したと思う	成長していないと思う
		(%)		
全体	(n=2970)		71.3	28.7
現在の役職　管理職	(n= 352)		83.5	16.5
現在の役職　一般社員	(n=2618)		69.7	30.3

（表頭：Q18.これまでの仕事を通した成長感）

※「成長したと思う」は「とても成長したと思う」「成長したと
　思う」の計。
　「成長していないと思う」は「どちらともいえない」「あまり
　成長していないと思う」「まったく成長していないと思う」の
　計。

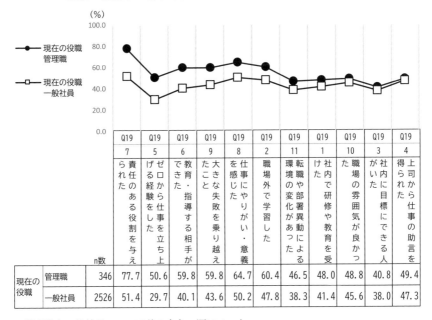

図表8-6　成長を促した仕事経験
（現在の役職別／成長を実感している正社員／n＝2872／複数回答）

	n数	Q19 7 責任のある役割を与えられた	Q19 5 ゼロから仕事を立ち上げる経験をした	Q19 6 教育・指導する相手ができた	Q19 9 大きな失敗を乗り越えた	Q19 8 仕事にやりがい・意義を感じた	Q19 2 職場外で学習した	Q19 11 転職や部署異動による環境の変化があった	Q19 1 社内で研修や教育を受けた	Q19 10 職場の雰囲気が良かった	Q19 3 社内に目標にできる人がいた	Q19 4 上司から仕事の助言を得られた
現在の役職 管理職	346	77.7	50.6	59.8	59.8	64.7	60.4	46.5	48.0	48.8	40.8	49.4
一般社員	2526	51.4	29.7	40.1	43.6	50.2	47.8	38.3	41.4	45.6	38.0	47.3

※管理職と一般社員のスコア差の大きい順にソート。

　ではどのような経験が成長を促したのだろうか？（図表8-6）

　一般社員との差が大きい順に、責任のある役割、新規事業の担当、教育・指導する相手がいたこと、失敗経験があがっている。「責任ある役割」「教育・指導する相手」はやや重複する性質がありそうだ。「職場外学習」をあげた管理職は60.8％で、「社内研修」の48.3％より高く、一般社員との差も大きい。また、「異動による環境変化」も成長を促すために有効のようだ。

　「職場の雰囲気が良い」「目標にできる人がいる」「上司の助言」などは、管理職と一般社員とであまり差がない。

　企業は若手社員を（やがて管理職へと）育成するには、「（規模は小さくても）責任ある役割」「（小人数でも）指導する立場」などを経験させることが必要ではないだろうか。また「失敗経験」も成長の糧となるので、企業側は、失敗を恐れずにゼロから仕事を立ち上げるような環境を与え、なおか

つ、若手社員も失敗を恐れずに取り組むことが、大きな成長への要素だろう。また、経験した内容を自覚し、意味づけるような内省の機会を持つことも重要だと考えられる。

★まとめ

1．管理職のリテラシーは必ずしも高くないが、コンピテンシーは高い。
2．管理職の職業志向は、「変化・安定」のどちらかでいえば「困難な課題に取り組みたい（変化）」を志向し、「地位・専心」では、「メンバーと業績を上げたい（地位）」と強く思っている。第6章でみた「仕事評価の高い人」と同じ傾向である。
3．管理職は、学習行動をとり、学びを活用するだけでなく、学びを共有しようとする傾向がある。
4．管理職の成長経験からは、責任のある役割、新規事業の担当、失敗経験などが育成に有効である。また職場外学習も有効である。これらは若手社員に「成長予感」を感じさせるためにも重要な要素と考えられる。

第9章 女性の仕事意識・年代別変化はどのようなものか
―女性活躍社会への示唆―

この章では、女性社員に着目した分析を行う。女性が日本社会や企業においてどのような立場にあるのか、また、管理職となった女性はどのように活躍しているのかを示す。

9-1 企業における女性の存在感

本調査では男女それぞれ2000人（計4000人）の回答を得ているが、正社員2970人でみると、男60.7%、女39.3%と女性の回答者が少ない（図表9-1）。女性の非正規率が高いためだ。

図表9-1 男女比
（企業規模別・現在の役職別／正社員全体／n＝2970）

			女性	男性
		(%)		
全体		(n=2970)	39.3	60.7
年齢別	20代	(n= 659)	46.4	53.6
	30代	(n=1225)	41.2	58.8
	40代	(n=1086)	32.9	67.1
企業規模別	100人未満	(n= 838)	50.6	49.4
	100～299人	(n= 458)	38.6	61.4
	300～999人	(n= 530)	34.0	66.0
	1000～2999人	(n= 338)	33.7	66.3
	3000人以上	(n= 767)	33.0	67.0
現在の役職別	管理職	(n= 352)	16.2	83.8
	一般社員	(n=2618)	42.4	57.6

　属性ごと（年齢層別・企業規模別・役職別）に見ると、まず年齢層では、20代・30代の女性比率は40％台だが、40代では32.9％と減少する。企業規模別では、100人未満の企業では約半数（50.6％）が女性だが、100人以上の4つの階層ではいずれも30％台と、企業規模が大きくなるほど女性比率が低いことがわかる。また、課長以上の役職者における女性比率は16.2％と低い。

9-2　企業における女性の特徴

　企業人としての女性の特徴（男性との差異）はどのようなものだろうか。まず「仕事に関する学び」を見ると（図表9-2）、男性（55.9％）に比べて学習活動率が49.0％とやや低く、学習対象が明確でない傾向もややある。しかし、学びの活用（学んだことを仕事に役立てようとする）については女性

図表9-2 学習行動：それぞれ「あてはまる・計／そう思う・計」の割合（男女別／正社員全体／n＝2970）

		Q13	Q17	Q15	Q18	Q10	Q16
						2	
		学習した	あてはまる	そう思う	成長したと思う	あてはまる	あてはまる
	n数	昨年1年間に仕事に関する学習活動を行うすたる	学んだことを、仕事に役立てようとで学ぶすか進ん	仕事に関わって何かを学ぶべきかると思う	これまで仕事のを通した成長感し	仕事に必要なスキルを、自主的に学んでいる	学んだ内容を、他の人に進んで話そうとするか
性別	男性	1802	55.9	65.9	57.4	70.2	55.4	34.7
	女性	1168	49.0	71.6	53.3	73.1	54.1	34.2

※学習行動に関わる項目を抜粋。男性と女性のスコア差の大きい順にソート。

のほうが「あてはまる」率が71.6％と高い。

　仕事や職場状況について見ると（図表 9 - 3 ）、「仕事の評価」に男女で差はない（女性のほうがわずかに高い）。一方で、「キャリア自律」「成長予感」に「そう思う」女性は男性に比べて少なめだ。女性のほうが人生の選択肢が多いためか、将来の事柄について確固とした考えをもっていない傾向が表れた数字とも読める。

　ただし、「この会社で成長できると思わない（成長予感がもてない）」とか、職場に対して大き

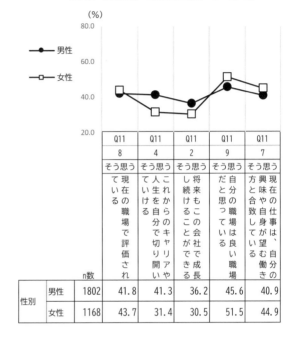

図表 9 - 3　仕事や職場の状況：それぞれ「あてはまる・計／そう思う・計」の割合
（役職×男女別／正社員全体／ n ＝2872）

		n数	Q11 8 そう思う 現在の職場で評価されている	Q11 4 そう思う これからのキャリアややりたい人生を自分で切り開いている	Q11 2 そう思う 将来もこの会社でできることができる成長し続けること	Q11 9 そう思う 自分の職場は良い職場だと思っている	Q11 7 そう思う 現在の仕事は、自分の望む働き方の興味や自身が合致している
性別	男性	1802	41.8	41.3	36.2	45.6	40.9
	女性	1168	43.7	31.4	30.5	51.5	44.9

な不満を抱いているかというと、必ずしもそうではない。今の職場が「興味や働き方の希望と合致している」「良い職場である」と回答した率は男性よりも高い。

　仕事裁量の有無別（Q10- 1 ）にリテラシー・コンピテンシーを見てみると（図表 9 - 4 ）、男女ともに、リテラシーはほとんど差がなく、コンピテンシーは仕事裁量がある人の方が高い傾向がある。コンピテンシーは経験によって伸長するものなので、「自分でやり方を決めて仕事をする」経験と、コンピテンシーの高さが関連していると考えられる。男女差よりも仕事裁量の有無が、コンピテンシーには特徴的に表れているといえるだろう。

図表9-4 リテラシー、コンピテンシー総合の水準：「高い」割合
（仕事裁量の有無×男女別／正社員全体）

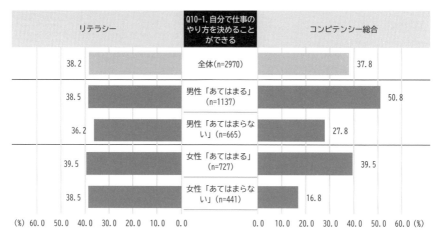

9-3　管理職の女性の特徴 ·······························

　では、管理職（課長以上）に着目するとどうか。前節で見た「仕事に関する学び」「仕事や職場状況」について、女性管理職に絞ってその特徴を見てみよう。

　女性管理職は、男性管理職と同じくらい学習活動を行っている（図表9-5）。一般社員では、女性は男性よりも学習しない傾向があるが、女性管理職の学習活動傾向は異なっている。

　前節（正社員全体）では「仕事の評価」に男女差はないことを見たが、一般社員と管理職に分けてみると（図表9-6）、一般社員の女性で「仕事で評価されている」と思っているのは42.1％だが、管理職では73.7％と大幅に増える。男性管理職の58.6％と比べても高い数字だ。女性は、管理職になると、他者からの評価をより肯定的に感じるのか。あるいは、もともと仕事評価が高い女性のみが管理職に就いているとも考えられる。

図表 9 - 5 昨年 1 年間の仕事に関する学習活動実施率
（現在の役職×男女別／正社員全体）

				Q13_昨年1年間の仕事に関する学習活動	
				学習した	学習しなかった
			(%)		
全体		(n=2970)		53.2	46.8
現在の役職	管理職	男性	(n= 295)	62.4	37.6
		女性	(n= 57)	63.2	36.8
	一般社員	男性	(n=1507)	54.6	45.4
		女性	(n=1111)	48.2	51.8

※ n 数99以下は参考。

図表 9 - 6 仕事評価・キャリア自律・成長予感：それ
ぞれ「そう思う・計」の割合
（役職×男女別／正社員全体／n＝2872）

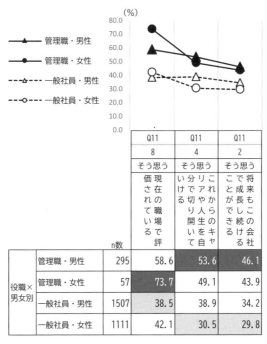

		n数	Q11 8 そう思う 現在の職場で評価されている	Q11 4 そう思う これからの人生のキャリア開発を自分で切り分けていける	Q11 2 そう思う 将来もこの会社で成長し続けることができる
役職×男女別	管理職・男性	295	58.6	53.6	46.1
	管理職・女性	57	73.7	49.1	43.9
	一般社員・男性	1507	38.5	38.9	34.2
	一般社員・女性	1111	42.1	30.5	29.8

※濃い網掛けのセル＝最大値、薄い網掛けのセル＝最小値。
※ n 数99以下は参考。

111

　「キャリア自律」「成長予感」も、正社員全体では「そう思う」女性は男性に比べて少なかったが、管理職のみで見ると男女差はほとんどなくなる。女性は管理職になることで「職業的な展望が見えてくる」のかもしれない。

9-4　年代別の女性の特徴 ··

　ここからは年齢層ごとに、一般社員・管理職の差も見ながら、リテラシー・コンピテンシー、学習行動、仕事評価、成長予感について分析する。

〈リテラシー・コンピテンシー〉（図表9-7）

　20代（一般社員のみ）では、リテラシーには男女差がないが、コンピテンシーに大きな差がある。企業ではコンピテンシーが重視されるので、これが女性が評価されない理由とも考えられる。管理職への昇進でも男性と差がついてしまうだろう。実際、男性は30代で8.3％が課長以上になっているのに対し、30代の女性正社員のうち課長以上はわずか3.4％だ。

　30代の一般社員は20代とほぼ同じ傾向にある。リテラシーは男女差がなく（20代より差が広がっているように見えるが、有意なものではない）、コンピテンシーは女性が低い。繰り返しになるが、コンピテンシーは経験（や学習）によって伸長するものなので、女性は20代から30代を通じてコンピテンシーが伸びるような仕事や学習（研修）の機会を与えられていない可能性もある。

　一方、30代でも管理職では、リテラシー・コンピテンシーともに男女差は見られない（値の差はあるが有意ではない）。これには、前節で見た「仕事の評価」と同様の解釈ができそうだ。つまり、女性は管理職になることでコンピテンシーが育成される（管理職にならないとその機会がない）のかもしれないし、あるいは、もともとコンピテンシーの高い女性が管理職に就いているとも考えられる。

　40代は、30代までと少し様相が異なる。リテラシーは、一般社員の男性が女性より高い（管理職では有意差なし）。コンピテンシーは有意ではないものの、この年代で初めて女性の管理職が男性を上回る。

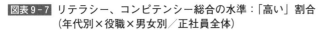

図表 9-7 リテラシー、コンピテンシー総合の水準：「高い」割合
（年代別×役職×男女別／正社員全体）

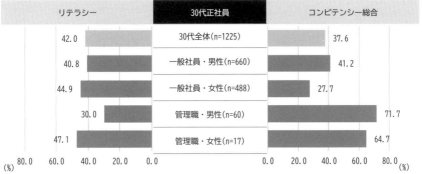

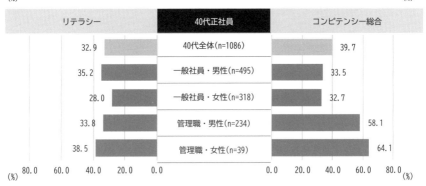

※20代の管理職は男女とも n＝1 のためグラフを割愛。n 数99以下は参考。

〈学習行動〉（図表は割合）

　一般社員の学習活動率を男女別に年齢を追って見てみると、女性一般社員は学習活動を行わない傾向にあまり変化がないが、男性一般社員は学習活動率が下がっていき、特に40代に入って学習しなくなる。その結果として、一般社員では20代、30代の女性の学習活動率が男性よりも低いが、40代ではあまり男女差がなくなる。ただし、管理職では、30代、40代ともに男女差は明確にはない。

〈仕事の評価〉（図表9-8）

　仕事の評価については、20代（一般社員のみ）、30代一般社員では、男女差はない。30代管理職では、人数が少ないため参考ながら、女性のほうが「職場で評価されている」と認識する人が多い。40代になると、一般社員、

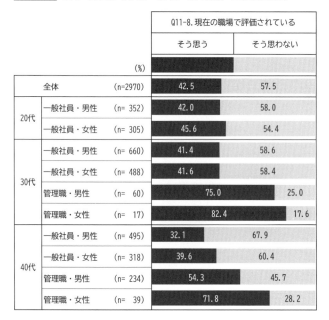

図表9-8 仕事の評価（年齢×役職×男女別／正社員全体）

			Q11-8.現在の職場で評価されている	
			そう思う	そう思わない
	全体	(n=2970)	42.5	57.5
20代	一般社員・男性	(n= 352)	42.0	58.0
	一般社員・女性	(n= 305)	45.6	54.4
30代	一般社員・男性	(n= 660)	41.4	58.6
	一般社員・女性	(n= 488)	41.6	58.4
	管理職・男性	(n= 60)	75.0	25.0
	管理職・女性	(n= 17)	82.4	17.6
40代	一般社員・男性	(n= 495)	32.1	67.9
	一般社員・女性	(n= 318)	39.6	60.4
	管理職・男性	(n= 234)	54.3	45.7
	管理職・女性	(n= 39)	71.8	28.2

※20代の管理職は男女ともn＝1のためグラフを割愛。n数99以下
　は参考。

管理職とも、女性のほうが仕事の評価は高くなっている。

〈成長予感〉（図表９−９）

　女性は、20代から40代まで一貫して、成長予感をもつことができていない。例外は30代の管理職女性で、「将来もこの会社で成長できる」と思っている割合は大きく、管理職男性との差もない。

　「仕事の評価」では、男女差がないか、むしろ女性がやや上回っていたことを考え合わせると、「女性は、職場で評価されているという現状に満足しているが、将来の成長は望めないと感じている」ということになりそうだ。

　40代になると、一般社員も管理職も男女ともに成長予感は30代までよりも下がる。管理職も含め男女の有意差はない。

図表９−９ 成長予感（年齢×役職×男女別／正社員全体）

			Q11-2. 将来もこの会社で成長し続けることができる	
			そう思う	そう思わない
全体		(n=2970)	33.9	66.1
20代	一般社員・男性	(n= 352)	35.8	64.2
	一般社員・女性	(n= 305)	28.5	71.5
30代	一般社員・男性	(n= 660)	36.8	63.2
	一般社員・女性	(n= 488)	31.1	68.9
	管理職・男性	(n= 60)	65.0	35.0
	管理職・女性	(n= 17)	64.7	35.3
40代	一般社員・男性	(n= 495)	29.7	70.3
	一般社員・女性	(n= 318)	28.9	71.1
	管理職・男性	(n= 234)	41.0	59.0
	管理職・女性	(n= 39)	33.3	66.7

※20代の管理職は男女ともｎ＝１のためグラフを割愛。ｎ数99以下は参考。

★まとめ

1．女性正社員は、大企業で少なく、役職者も少ない。女性の活躍の場はいまだ限定的といえる。

2．女性は男性と比較して、今の職場を「良い職場である」と思っている一方、自分が成長できる場とは思っていない（成長予感をもっていない）。キャリア自律でも男女差がある。学習行動も男性に比べて少ないが、そこには女性の成長予感の乏しさや、人生の選択肢が多いためにキャリア自律が難しいことの影響があるかもしれない。

3．管理職では、学習行動や成長予感、キャリア自律において男女差はない。さらに、女性管理職のほうが、男性管理職よりも仕事で評価されていると感じている。

4．年代別にみると、コンピテンシーには20代から男女差があり、女性の方が低い傾向がある。成長予感についても、女性は20代から持っていないが、30代以降、管理職になると男女の差は見られなくなる。

5．女性には、早めに管理職に就けたり、仕事裁量を与えたりする機会を意図的に増やすことで、能力がより発揮される可能性がありそうだ。

第10章 非正規社員と正社員
―全従業員の能力を活かす経営への示唆―

第1章から第9章までは、正社員を対象としてきたが。第10章は、非正規社員を対象とした分析を行う。総務省「労働力調査」によれば、現在、非正規社員は、全労働者の約4割を占めるまでになっているが、このような非正規社員の学びと、成長の可能性はどのように考えられるのか、企業経営への提言を行うものとなる。

10-1 企業における非正規社員 ························

本調査で非正規社員（Q3雇用形態で「正社員・正職員」以外を選択した回答者）は4000人中1030人（25.8％）を占めたが、その属性や分布には大きな偏りがある。年齢では40代が約半数、性別では女性が約8割となっている。

性別・年齢別に正社員／非正規社員の割合を見ると（図表10-1）、男性ではどの年代でも非正規社員は10％程度で、常にマイノリティといえる。女性では、非正規社員は20代後半から40代後半まで約23％→31％→44％→53％→58％と増えていく。20代ですでに無視はできない数であり、40代ではまさにマジョリティになる。

「非正規社員の能力活用」は、女性の能力活用でもある。また逆に、企業における女性活躍を考えるなら、「非正規社員の能力活用」の問題を避けて通ることはできない。ただし、すべての業界がこの問題を深刻に捉えているわけではないだろう。非正規社員の占める位置が業界ごとに異なるためだ。

業種別に正社員／非正規社員の割合を見ると、6割近く（57.1％）が非正規社員の教育・学習支援業を筆頭に、サービス業、運輸業・郵便業、卸売

図表 10-1 現職の雇用形態
（性×年齢別／回答者全体／単一回答）

				非正規社員	正社員・正職員
			(%)		
全体		(n=4000)		25.8	74.3
男性	年齢別	25〜29歳	(n= 400)	11.8	88.3
		30〜34歳	(n= 398)	8.5	91.5
		35〜39歳	(n= 402)	11.4	88.6
		40〜44歳	(n= 398)	8.0	92.0
		45〜49歳	(n= 402)	9.7	90.3
女性	年齢別	25〜29歳	(n= 397)	22.9	77.1
		30〜34歳	(n= 403)	30.5	69.5
		35〜39歳	(n= 399)	43.6	56.4
		40〜44歳	(n= 401)	52.6	47.4
		45〜49歳	(n= 400)	58.3	41.8

※「非正規社員」は「契約社員・契約職員」「嘱託社員・嘱託職員」「パート・アルバイト」「派遣社員」「その他」の合計。

業・小売業では、非正規社員の割合が3割から4割と高い。非正規社員の割合が低い（10〜12％）のは、建設業、情報通信業、製造業だ。

　また、正社員／非正規社員の割合を男女別に見ると、どの業種でも、男性に比べて女性では正社員割合が低い。特に女性の正社員割合が低いのは、教育・学習支援業（約30％）、サービス業（約46％）、卸売業・小売業（約47％）。女性の正社員割合が75％以上とある程度高い業種は、建設業、情報通信業、金融業・保険業、不動産業・物品賃貸業。業務に関わる資格が重視される業種特性が関係しているかもしれない。

　リテラシー・コンピテンシーの状況を見ると、リテラシーは、男性では正社員／非正規社員ともに「高い」人が約35％で差がないが、女性は正社員で「高い」が約40％、非正規では「高い」が30％と差がある。

　コンピテンシーは、男性、女性とも正社員／非正規社員の差がある。コンピテンシー「高い」が、男性正社員で42.3％、男性非正規社員は23.7％。女性正社員では「高い」が30.9％、女性非正規社員では21.4％だ。

　リテラシー・コンピテンシーともに差がある「女性」に絞って年代別に集計し、正社員／非正規社員の差がどこに表れるのかを分析してみる（図表10-2）。

　まずリテラシーについて、女性の正社員／非正規社員の比較では、次のことがわかる。
－子供なし群では、35〜39歳で、正社員のほうがリテラシーが有意に高い。
－子供あり群では、45〜49歳で、正社員のほうがリテラシーが有意に高い（この年代では子供ありの非正規のリテラシーがぐっと低くなっている）。
－子供あり群では、30〜44歳の３つの年齢階級とも、非正規社員と正社員のリテラシーに有意差はない（値の差はあるが有意ではない）。

　コンピテンシーについては、同様の比較で次のことがわかる。
－子供なし群では、30〜34歳と40〜44歳で、正社員のほうがコンピテンシーが有意に高い。
－子供あり群では、45〜49歳で、正社員のほうがコンピテンシーが有意に高い（この年代では子供ありの非正規のコンピテンシーがぐっと低くなっている）。
－子供あり群では、30〜44歳の３つの年齢階級とも、非正規社員と正社員のコンピテンシーに有意差はない（値の差はあるが有意ではない）。

　まとめると、部分的に有意差が出たものの、「子供のいる30〜44歳では、非正規社員と正社員のリテラシー、コンピテンシーに有意差はない」ことがわかった。同条件（30〜44歳・子供あり）の正社員と同等のリテラシー・コンピテンシーを持っている女性非正規社員を、企業は十分に活用できているだろうか。

図表 10-2 リテラシー、コンピテンシー総合の水準：「高い」割合
（子供の有無×年齢別×雇用形態別／女性全体）

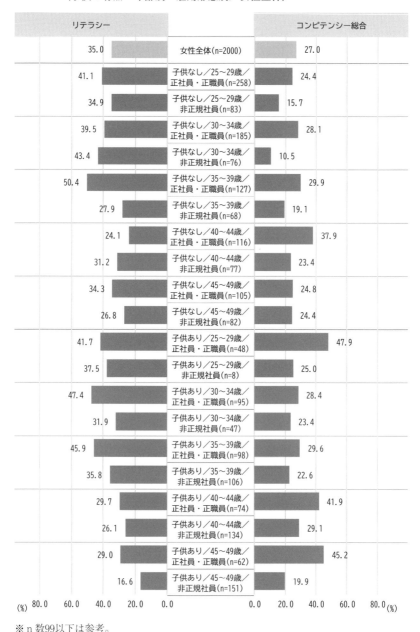

リテラシー		コンピテンシー総合
35.0	女性全体(n=2000)	27.0
41.1	子供なし／25〜29歳／正社員・正職員(n=258)	24.4
34.9	子供なし／25〜29歳／非正規社員(n=83)	15.7
39.5	子供なし／30〜34歳／正社員・正職員(n=185)	28.1
43.4	子供なし／30〜34歳／非正規社員(n=76)	10.5
50.4	子供なし／35〜39歳／正社員・正職員(n=127)	29.9
27.9	子供なし／35〜39歳／非正規社員(n=68)	19.1
24.1	子供なし／40〜44歳／正社員・正職員(n=116)	37.9
31.2	子供なし／40〜44歳／非正規社員(n=77)	23.4
34.3	子供なし／45〜49歳／正社員・正職員(n=105)	24.8
26.8	子供なし／45〜49歳／非正規社員(n=82)	24.4
41.7	子供あり／25〜29歳／正社員・正職員(n=48)	47.9
37.5	子供あり／25〜29歳／非正規社員(n=8)	25.0
47.4	子供あり／30〜34歳／正社員・正職員(n=95)	28.4
31.9	子供あり／30〜34歳／非正規社員(n=47)	23.4
45.9	子供あり／35〜39歳／正社員・正職員(n=98)	29.6
35.8	子供あり／35〜39歳／非正規社員(n=106)	22.6
29.7	子供あり／40〜44歳／正社員・正職員(n=74)	41.9
26.1	子供あり／40〜44歳／非正規社員(n=134)	29.1
29.0	子供あり／45〜49歳／正社員・正職員(n=62)	45.2
16.6	子供あり／45〜49歳／非正規社員(n=151)	19.9

(%) 80.0　60.0　40.0　20.0　　　　0.0　20.0　40.0　60.0　80.0 (%)

※ n 数99以下は参考。

　本調査では「非正規（または正規）で働いている理由」を尋ねていないが、現在の日本社会で、子育てについてはまだまだ女性が担う部分が大きいことは、女性の働き方に影響を与えているだろう。「30〜44歳・子供なし」の女性の中では非正規社員がおよそ3人に1人であるのに対し、「30〜44歳・子供あり」の女性では過半数が非正規社員という数字からも、子育てを理由に正社員から非正規社員に移行する（または非正規から正社員に移行できない）ケースが少なくないことが想像できる。

　子どもを持つ女性が非正規に移行せずに仕事を続けられる取り組みが、能力活用には有効と考えられる。さらに言えば、正社員→非正規社員の移行は「正社員として勤務していた企業を退職→別の企業に非正規社員として入職」の形態をとることが多く、退職される側の企業にはとくに大きな損失と言える。

10-2　非正規社員の仕事と学び ・・・・・・・・・・・・・・・・・・・・・・・・・・・・・・・

　非正規社員はどのように働き、学んでいるのかを、調査結果から見ておこう。

　仕事に関する学習活動を行う人は、男女とも30％程度で、正社員（男女計で53.2％）と比べると少ない。男性は常にマイノリティだが、女性は世代や業種によっては多数派であるという違いは、学びへの影響はないように見える。

　仕事や職場状況では（図表10-3：上）、非正規社員は男女とも次の項目で「あてはまる」「そう思う」割合が正社員を下回る。
⇒「仕事裁量」「成長実感（いまの仕事）」「専門性の発揮」「キャリア自律」「成長実感（これまですべての仕事）」。

　男性非正規社員は、さらに次の項目でも「あてはまる」「そう思う」が少なく、男女正社員および女性非正規社員と差がある（図表10-3：下）。女性非正規社員と違ってマイノリティであることが関係しているのだろうか。
⇒「目標の共有」「上司などが相談に乗ってくれる」「安心して発言できる」

図表 10-3　仕事や職場の状況：それぞれ「あてはまる・計／そう思う・計」
（性別×雇用形態別／n＝4000）

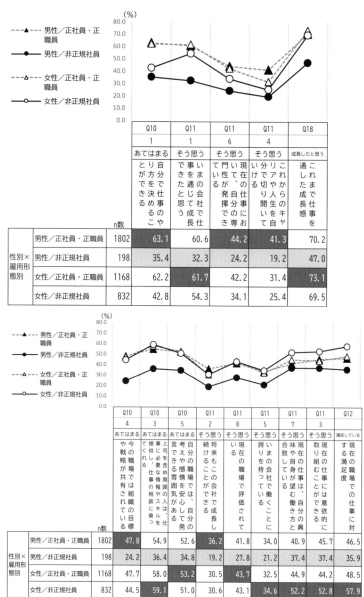

	n数	Q10 1 あてはまる とり方を自分で決めることができる仕事の やが進め	Q11 1 そう思う できた仕事をやり通した成長と いまの会社で	Q11 6 そう思う ている 門性が発揮でき て、いまの会社で 現在の仕事に専	Q11 4 そう思う いける アやりで切り開いて これからのキャリ 分で自	Q18 成長したと思う 通した成長感 これまで仕事を
男性／正社員・正職員	1802	63.1	60.6	44.2	41.3	70.2
男性／非正規社員	198	35.4	32.3	24.2	19.2	47.0
女性／正社員・正職員	1168	62.2	61.7	42.2	31.4	73.1
女性／非正規社員	832	42.8	54.3	34.1	25.4	69.5

（性別×雇用形態別）

	n数	Q10 4 あてはまる	Q10 3 あてはまる	Q10 あてはまる	Q11 2 そう思う	Q11 5 そう思う	Q11 そう思う	Q11 7 そう思う	Q11 3 そう思う	Q12 満足している
男性／正社員・正職員	1802	47.8	54.9	52.6	36.2	41.8	34.0	40.9	45.7	46.5
男性／非正規社員	198	24.2	36.4	34.8	19.2	27.8	21.2	37.4	37.4	35.9
女性／正社員・正職員	1168	47.7	58.0	53.2	30.5	43.7	32.5	44.9	44.2	48.5
女性／非正規社員	832	44.5	59.1	51.0	30.6	43.1	34.6	52.2	52.8	57.9

※濃い網掛けのセル＝最大値、薄い網掛けのセル＝最小値。

「成長予感」「仕事の評価」「会社エンゲージメント」。

　一方、女性非正規社員は、男女の正社員以上に今の職場が「興味や希望する働き方と合致している」と感じており、「仕事エンゲージメント（意欲）」も「仕事満足度」も正社員より高い。

　女性非正規社員の仕事満足度は高いが、なぜ高いのだろう。データから見ると「希望する働き方と合致している」ことは一因だろう。第 7 章で作成したパスモデル（仕事エンゲージモデル）で変数とした「上司などが相談に乗ってくれる」「目標の共有」「安心して発言できる」の 3 つの職場環境にも注目したい。非正規社員と正社員との差が男性のみ大きく、女性では差がないため、非正規社員の仕事満足度の男女差を一部説明できそうだからだ。

　また、同じパスモデルで「職場環境」からの強い影響が示されていた「成長予感」「仕事の評価」の高さも関連がありそうだ。これは会社／仕事に対する期待値が低いことをも示唆していると思われる。

　女性は男性よりも会社の外（主に家庭・家族）に関心事が多く、生活の中で会社・仕事の比重が低いため、会社／仕事に対する期待値が低いという仮説が考えられる。非正規社員はその傾向がいっそう強いのかもしれない。期待値が低ければ目標に到達しやすいので、成長予感も仕事の評価（評価されているという自覚）も高まる。また企業側も、女性非正規社員への期待値は正社員よりも低いことが想像される。

　しかし労働力全体が減少していく今後は、女性非正規社員が満足しているからといって、それでいいということにはならないだろう。このような状態は、男女の賃金格差の是正や、女性の役職者、経営層を増やすという点からも、早々の変化が求められよう。

10-3　全従業員の能力を活かすために･･･････････････････････････

　全従業員の、特に女性の能力を活かすために、企業はどうすればよいのか。本調査のデータが示すことに限定せず、課題と対策を考えてみたい。

　子供のいる30〜44歳の女性非正規社員のリテラシー、コンピテンシーは高い、もっと活用されるべきだ、と10‐1で述べた。しかし例えばこの女性たちを正社員に移行させればよいのかというと、そういうことではないだろう。この女性たちが過去に正社員だったとして「非正規に転換させなければよかった」ともいえないだろう。

　「自らの望む働き方と合致」する選択肢があるのは悪いことではなく、「正社員という働き方しかなければ仕事を辞めざるを得ない」というケースなどを考えると、企業で働く人全員が正社員になるべきとはいえないし、それは非現実的でもある。

　30代前半は、結婚・出産・育児の開始といったライフイベントが多く、この年代の女性が非正規社員に移行する理由の１つであることは推測できる。しかしこの年代はまた、企業人としてのキャリア10年前後にあたり、性別やライフイベントの有無を問わず、仕事キャリアを見直す時期とも言える。結婚や出産を、自分はどんな職場でどのように働きたいのかを「いったん立ち止まって」考える機会として上手に利用し、選択し、行動した結果が「仕事満足度の高い、多数の女性非正規社員」と見ることもできる。

　男性も30代前半には、仕事や職場の状況とともに家事・育児へのかかわり方が大きく変わることが多い。それによってキャリアを積極的に見直す男性がもっと多くてもいいはずだ。

　「女性活用」を「女性問題」と捉えるのではなく、男性の働き方を含めて、職場全体の問題と捉えることが必要だ。その観点で必要と考えられる対策として、例えば時短勤務に関する問題がある。

　労働時間が短くなる分、収入（給与）が減ってしまうことは、時短勤務を選択しない大きな理由となっている。この問題を解決するために、賃金の１割に相当する額の給付金を子育て中の時短勤務者（男女問わず）に支給する「育児時短就業給付」が検討されている。これによって、時短勤務の取得が男性にも広がるという見方もある。

　時短勤務のもう一つの問題は評価だ。当面の収入が給付金なり各社の制度なりでカバーされるとしても、実働時間が短い・時間外労働ができない、と

いったことがマイナスの評価になれば、キャリア形成に支障が及ぶし、中長期的な収入にもかかわるだろう。働く時間の長さではなく、成果による評価の仕組みをつくり、時短勤務者も成果をあげればきちんと評価される制度が求められよう。

　ただ、具体的に制度・仕組みを整えるだけでは不十分で、考え方・意識を変えていかなければならない。これはどちらが先とかどちらがより重要とかではなく、まさに車の両輪のように進めていくべきことだろう。
　例えば男性の育休取得率や時短勤務利用率がなかなか上がらないのは、制度設計の問題よりも「とても言い出せる雰囲気ではない」「奥さんではなく君が取る（制度を利用する）のか？と言われた」といった職場や上司の意識の問題が大きいだろう。
　変えたい意識の例をいくつか挙げておく。
　「子供を持つ男性は、より頑張って長時間働こう」という従来モデルを、「子供を持つ男性は、子育てのために労働時間を減らそう」というモデルに変える。
　「長時間働く人ほど頑張っている」という意識を変える。
　「子育ては女性の領域」という意識を、「子育てには男性・女性とも参加する」意識に変える。
　子供を持ったら（特に女性に）、簡単な仕事につかせよう、閑職につかせようという考え方を変える。

　2022年7月の女性活躍推進法の厚生労働省令改正により、企業（常用雇用者数301人以上）に男女賃金格差情報の公表が義務付けられた。またこれとは別に、2023年3月期決算から、有価証券報告書でも、女性管理職比率、男女賃金格差、男性の育休取得率などの開示が求められるようになっている。女性活躍の視点から企業を評価する傾向は、労働者や消費者、また投資家の中でも、ますます強くなると考えられる。

★まとめ

1．男性非正規社員は、どの年代でもマイノリティだが、女性非正規社員は年代が上がるにつれてマジョリティになる。

2．非正規社員は、男女ともコンピテンシーが低く、男女とも学ぶ人が少ない。

3．30〜44歳（子育て世代）の女性に着目すると、「子供のいる30〜44歳女性では、非正規社員と正社員のリテラシー、コンピテンシーに有意差はない」。リテラシー・コンピテンシーとも高い女性が、子育てのために非正規に移行していると思われる。能力活用に向けて対策が必要ではないか。

4．男性非正規社員は、仕事の状況や職場環境に肯定的でなく、総合的な仕事満足度は低い。しかし女性非正規社員は、希望する働き方に合致しており、仕事で評価されていると感じ、仕事（職場）満足度が高い。

5．女性の能力を活用するには、女性のみに向けた対策をとるだけでは不十分であり、男性の働き方を含めて制度を整え、意識を変えていく必要がある。

第11章 まとめ

11-1 まとめ ···

　本書の第1部では、正社員を分析対象として、企業人の仕事・能力・学び
と働き方志向について、現状を明らかにした。

　まず企業人の意識と職場環境については、仕事裁量があり、今の会社で仕
事を通した成長を感じている企業人が少なくないことがわかった。しかし、
この先も成長できるかどうかはわからないと感じている企業人は多く、「成
長実感」と「成長予感」には大きな差がある。また、キャリア自律している
人の仕事満足度が高いこともわかった。

　近年働き方の大きなトピックとなっている「ジョブ型雇用」に関しては、
現在の職場がジョブ型企業と感じている人が約半数、そして今後の希望を聞
くと約6割がジョブ型志向だった。今後も増えていくであろうジョブ型志向
の人に絞ってさらに分析すると、コンピテンシーが高く、仕事に意欲的に取
り組んでおり、学習行動もとっているという特徴が見られた。ジョブ型志向
の人のうちメンバーシップ型企業に勤めている人は、将来も成長できない、
仕事で評価されていないなどと感じる傾向があり、仕事（職場）満足度が低
い。転職希望もやや高かった。

　とはいえジョブ型志向がすべて転職希望者というわけではない。ジョブ型
志向の中でも高評価の人の転職希望は、メンバーシップ型志向の人と同程度
だった。

　本調査の特徴として、企業人のリテラシー（認知能力）、コンピテンシー
（非認知能力）をPROGテストによって測っている。全体としては、リテラ
シーは仕事の評価との関連はないが、企業規模や職種などによっては、リテ
ラシーの高さが仕事の評価に効くことがわかった。一方、コンピテンシーの

高さは、どのような企業属性でも仕事の評価に結びつく。

　「ジョブ型雇用」と並んで、あるいはそれと絡み合って話題となっているのが「リスキリング」である。言葉は目新しいが、社会人の学びの必要性は言われて久しい。「学び」についての現状把握をしてみると、実際に学習活動を行った人は、5割程度に留まる。

　企業規模が大きいほど学習活動を行う傾向がある。また、業種や職種によって学習活動実施率には差がある。

　多くの人が、学んだことを仕事に役立てようとしている（学びの活用）。しかし、学んだことを他者に話そうとする（学びの共有）人はそれほど多くない。大企業、また専門職、営業職などは学びを共有しようとする傾向がある。

　前出のリテラシー、コンピテンシーと学習行動の関係を見ると、リテラシーもコンピテンシーも高い人が、学習活動を行う傾向が強い。また、リテラシーが低くとも、コンピテンシーが高ければ、学習活動を行う傾向がある。

　第2部は「テーマ別分析編」とし、企業の人事施策、ひいては企業経営全体にかかわると思われる5つのテーマに沿って分析した。

　第6章のテーマは「企業において、仕事評価が高いのはどのような人なのか」。仕事評価が高い社員の特性として、学習行動をとり、学びを活用しようとするだけでなく、共有しようとする。また、仕事を通した成長実感があり、職場を肯定的に捉えており、仕事満足度が高い。

　複数の要素が、どのような経路をたどって仕事の評価に繋がるのか、パス解析を行ったところ、コンピテンシーの高さがキャリア自律に影響を与え、そのキャリア自律が仕事評価の高さに影響を与えることが示された。年齢が上がるほど、キャリア自律の影響は大きくなっていた。

　大学成績からコンピテンシーへの影響は、卒業後「遅れて」現れる。大学成績で表現される学習習慣が継続的に作用し、蓄積していくものと思われる。

　第7章のテーマは「個人のエンゲージメントを高めるものは何か」。成長予感、仕事満足度、職場環境の良さ（周囲のサポートがある、目標共有、心

理的安全性）が仕事エンゲージメントを高めることを、パスモデルで示した。

　第8章では「管理職の特性から社員育成の手がかりを得る」ことをテーマとした。管理職の成長経験からは、責任のある役割、新規事業の担当、失敗経験などが成長を促していることがわかる。職場外学習も有効である。

　第9章では「企業における女性活躍のさらなる推進」のために、女性企業人がどのような特性を持っているかを、年代別や役職別などで詳しく分析した。

　女性は男性と比較して、今の職場を「良い職場である」と思っている一方、自分が成長できる場とは思っていない（成長予感をもっていない）。キャリア自律でも男女差があり、学習行動も男性に比べて少ない。

　年代別にみると、コンピテンシーには20代から男女差があり、女性の方が低い傾向がある。成長予感についても、女性は20代から持っていないが、30代以降になると男女の差は見られなくなる。

　しかし管理職では、成長予感、キャリア自律、学習行動、コンピテンシーのすべてにおいて男女差はない。さらに、女性管理職のほうが、男性管理職よりも仕事で評価されていると感じている。

　第10章で検討した「非正規社員を含め全従業員の能力を活かす方策」では、性別によって、また業種によって直面する課題が大きく違うことが前提となる。男性非正規社員は、仕事の状況や職場環境に肯定的でなく、総合的な仕事満足度は低い。しかし女性非正規社員は、希望する働き方に合致しており、仕事で評価されていると感じ、仕事（職場）満足度が高い。

　30〜44歳（子育て世代）の女性に着目すると、「子供のいる30〜44歳女性では、非正規社員と正社員のリテラシー、コンピテンシーに有意差はない」。この年代には、子育てのために非正規に移行し、リテラシー・コンピテンシーの高さをあまり仕事に生かせていない女性非正規社員が多いと思われる。

11-2　ジョブ型雇用社会に向けて9つの提言

　各企業が社員のリテラシー・コンピテンシー、また、仕事経験や職場環

境、学びの共有の現状を調査し、4000人規模の企業人調査分析である本書をベンチマークとすることで、自社の強み弱みをより詳しく知り、人材施策の改革や人材開発に役立てることができる。

　例えば企業が行うリスキリング施策である。本書ではリスキリングを含む「学び」を個人のキャリア自律と関連付けて重視したが、リスキリングは同時に企業の経営戦略であり、従業員の自己啓発のみに委ねるのは適切ではない。リスキリング機会の提供は、従業員へのサービスであるだけでなく、企業の事業戦略の一環といえる。

　そのような観点でリスキリングを含む人材開発施策を取る際に、社員が学びについてどんな意識を持っているか、学びの成果が仕事に活用される環境が自社にあるか、などを、本書と比較しながら分析し、検討することは有益だろう。

　本書の分析を踏まえ、社員の個人としての能力伸長を支援し、さらにその能力を組織として活用することで企業の業績につなげようとする経営層やCHRO、その他さまざまな形で企業人の能力育成に携わる方々に向けた提言を、9項目にまとめた。

（1）ジョブ型雇用が今後さらに進展することを前提にする

　現在の職場がジョブ型企業だという回答者が約半数、ジョブ型志向の（自身の働き方としてジョブ型雇用を希望する）人はさらに多く、約6割いた。ジョブ型志向の人は、コンピテンシーが高く、仕事への意欲もあり、学習行動もとっているという特徴があった。これらを考え合わせると、ジョブ型雇用への進展はさらに進むと考えられる。

　ただし、6割いるジョブ型志向の人も「本来のジョブ型雇用」を望む人ばかりではないだろう。従来の制度や習慣と整合性のある"日本的なジョブ型雇用"を希望している人が相当数含まれるし、回答者の約4割はメンバーシップ型志向の人だ。この数字から読み取るべきは、「ジョブ型を含め、働き方志向の多様化がさらに進行する」ことかもしれない。

　企業に求められる「ジョブ型雇用社会への対応」とは、「ジョブ型雇用へ

の全面移行を急ぐ」ことではなく、働き手の多様な志向に柔軟に対応できる組織づくりや評価制度の改革だ。

（2）キャリア自律の重要性を認識する

　仕事評価のパスモデルから、コンピテンシーの高さがキャリア自律に影響を与え、そのキャリア自律が仕事評価の高さに影響を与えることが判明した。キャリア自律に次いで仕事評価を高めるのが自主的学びだが、30代、40代と年代が上がるにつれ、学びの影響は薄れ、キャリア自律の影響度が大きくなる。「仕事ができる人はキャリア自律度が高い」ということだ。キャリア自律度を高める企業の人材施策は、「仕事ができる人」の育成と密接な関係にあるという見方もできそうだ。

　個人のキャリア自律を高めることで企業からの人材流出を危惧する向きもあるが、本書の分析によれば、転職意向はキャリア自律による差があまりなく、むしろキャリア自律していない人が、わずかながら転職希望が多い。また、キャリア自律している人にはエンゲージメントが高い傾向も見られる。キャリア自律の促進は、個人だけでなく企業にもメリットが大きいといえる。

（3）仕事に関して学んだことを他者と共有する仕組みづくりを

　リテラシーもコンピテンシーも高い人は、学習活動を行う傾向がある。また、リテラシーが低くとも、コンピテンシーが高ければ、学習活動を行う傾向がある。

　仕事評価が高い人は、学んだことを仕事に活用しようとするだけでなく、学んだ内容を他者に話し、共有しようとする。学びそのものの機会だけでなく、「学びの共有」の機会をもつ仕組みをつくることで、学びの成果が個人の成長にとどまらず、組織のパフォーマンス向上に繋がる可能性を高めることができる。

（4）年齢によるリテラシー、コンピテンシーの変化を正しく理解する

　PROGテストの客観評価では、リテラシー（認知能力）は40代をピークに

低下するが、コンピテンシー（非認知能力）は年齢とともに上昇する。一方
で、自己（主観）評価では、リテラシー、コンピテンシーともに年齢ととも
に上昇している。特に40代以上では自己の能力を過信していたり、能力の後
退に気づいていない可能性がある。このことは学びやリスキリングへの態
度・取り組み方などに影響を及ぼすので、まずは現在の自己能力を正しく理
解させた上で社員の能力維持・向上を図る必要がある。

（5）エンゲージメントを高めるために「相談できる人間関係」「目標の　共有」「心理的安全性」の環境を整える

　仕事エンゲージメントのパスモデルから、エンゲージメントを高めるの
は、成長予感、仕事満足度、職場環境の３つの要素であることがわかった。
このうち仕事満足度ではほぼ半数が満足しているのに対し、成長予感をもっ
ているのは約３割にとどまったことから、成長予感はエンゲージメント向上
のための重点項目と考えられる。

　職場環境は、仕事エンゲージメントに関連していると同時に、成長予感に
も強い影響力がある。具体的には、「上司などが仕事の相談に乗ってくれる
（周囲のサポート）」「組織の目標や戦略の共有」「考えや感情を安心して発言
できる雰囲気（心理的安全性）」の３つの環境を整えることで、直接的に
も、成長予感を介しても、エンゲージメントを高めることができる。

　また、「エンゲージメントを高めるのは、成長予感、仕事満足度、職場環
境」という結果は、ジョブ型志向の人だけを対象にした分析でも同じだっ
た。

（6）若手社員の育成には「職場外学習」「責任のある役割」「失敗経験」　が有効

　管理職は、一般社員と比較してリテラシーは必ずしも高くないが、コンピ
テンシーは高い。学習行動が多く、学びの活用や共有にも積極的だ。

　このような特性を持つ管理職が、自身の成長に繋がったとしている経験は
「責任のある役割」「失敗経験」「職場外学習」などで、これらが若手社員の
育成に有効だと思われる。

（7）女性社員には早い時期から責任ある役割を任せる

　女性は男性と比較して、今の職場を「良い職場である」と思っている一方、自分が成長できる場とは思っていない（成長予感をもっていない）。キャリア自律、学習行動、コンピテンシーも男女差があり、女性の方が低い傾向がある。コンピテンシーは仕事（経験）を通じて高まる能力なので、女性は男性に比べ必要な経験を積めていないとも考えられる。

　しかし管理職では、成長予感、キャリア自律、学習行動、コンピテンシーのすべてにおいて男女差は見られない。さらに、女性管理職のほうが、男性管理職よりも仕事で評価されていると感じている。女性は管理職になることで将来の成長への展望が開け、キャリア自律度が高まり、その能力が一気に引き出されるようにも見える。

　こうした知見から、女性社員の能力育成に際しては、コンピテンシーが伸びるような仕事や学習（研修）機会を設ける、早い時期から管理職に登用する、などの施策が考えられる。

（8）女性の能力を活かすためには、男性の働き方も見直すことが必要

　「子供のいる30〜44歳女性では、非正規社員と正社員のリテラシー、コンピテンシーに有意差はない」ことが分かった。同条件（30〜44歳・子供あり）の正社員と同等のリテラシー・コンピテンシーを持っている女性非正規社員を、企業は十分に活用できていないのではないだろうか。

　この状況への対応には、女性の正社員率の向上（非正規率の減少）にとらわれず、男性の働き方を含めて職場全体の問題と捉えることが必要だ。長時間労働の解消、時短勤務に対する柔軟な対応、勤務地や勤務時間の選択肢を増やすこと、同一労働同一賃金の徹底など、見直せる制度や仕組みは多い。また同時に、男女を問わず堂々と育児休業を取れるなど、職場の雰囲気・企業風土を変えることも忘れてはならない。

　こうした取り組みは、「子育て世代の女性非正規社員」に限らず全従業員の能力活用に繋がる。労働力人口の減少が進む中で企業にとって今後ますます重要な課題であるはずだ。その施策のためのコストは「経費ではなく投資」と捉えることが必要であろう。

（9）男女を問わず、仕事キャリア10年前後に「キャリアを真剣に考える時期」を作る

　女性の多くは、結婚・出産などのライフイベントに直面して必然的に自らのキャリアを真剣に考える。時期としては就職後10年前後の30代前半であることが多いだろう。働き方にとどまらず、「仕事を続けるか、やめて家事・育児に専念するか」や、場合によっては「この人と結婚するか、しないか」といった大きな変化に繋がり、真剣にならざるをえない。「せざるをえない」といえばやや否定的にも聞こえるが、実はこれが、仕事キャリアを考える良い機会となっている。一方、男性はそのような機会がないまま、何となく仕事を続けている人も多いのではないか。管理職では女性の仕事満足度や仕事評価が高く、男性が下回っているのは、このあたりに理由の一端があるのかもしれない。

　ここでは、企業側が男女を問わずに（特に男性に重点的に）働きかけることが必要だろう。例えば仕事キャリア10年前後を対象とする階層別研修の目的を「次（1つ上）の役職に必要なスキルの習得」だけとせず、「仕事キャリアや人生設計を自ら真剣に考える」ことを加えるような施策が考えられる。

　これは「自分の職業人生を自分自身でコントロールし選択すること」、すなわち、提言（2）でその重要性に触れた「キャリア自律」にほかならない。「キャリア自律」は働く個人の問題と捉えられがちだが、企業の成長に欠かせないものでもある。企業が個人のキャリア自律を理解し、尊重し、支援しながら人事施策を講じていくことの重要性は今後もますます高まっていく。

付　表

1　ジェネリックスキルテスト「PROG」の構成要素
2　基本クロス集計結果（雇用形態別）
3　PROG スコア
4　調査票

付表1 ジェネリックスキルテスト「PROG」の構成要素

大分類		中分類		小分類	
		要素名	定義	要素名	定義
リテラシーテスト	問題解決力	情報収集力	課題発見・課題解決に必要な情報を見定め、適切な手段を用いて収集・調査、整理する力	—	—
		情報分析力	収集した個々の情報を多角的に分析し、現状を正確に把握する力	—	—
		課題発見力	現象や事実のなかに隠れている問題点やその要因を発見し、解決すべき課題を設定する力	—	—
		構想力	さまざまな条件・制約を考慮して、解決策を吟味・選択し、具体化する力	—	—
	言語処理能力		語彙や同義語、言葉のかかり受けなど、日本語の運用に関する基礎的な能力	—	—
	非言語処理能力		数的処理や推論、図の読み取りなど、情報を読み解くために必要な（言語以外の）基礎的な能力	—	—
コンピテンシーテスト	対人基礎力	親和力	相手の立場に立ち、思いやりを持ち、共感的に接することができる。また多様な価値観を柔軟に受け入れることができる	親しみやすさ	話しかけやすい雰囲気をつくる
				気配り	相手の立場に立って思いやる
				対人興味 共感・受容	人に興味を持つ。共感し受けとめる
				多様性理解	多様な価値観を受け入れる
				人脈形成	有効な人間関係を築き、継続する
				信頼構築	他者を信頼する、他者から信頼される
		協働力	お互いの役割を理解し、情報共有しながら連携してチーム活動することができる。また、時には自分の役割外のことでも進んで助けることができる	役割理解 連携行動	自分や周囲の役割を理解し、連携・協力する
				情報共有	一緒に物事を進める人達と情報共有する
				相互支援	互いに力を貸して助け合う
				相談・指導 他者の動機づけ	相談にのる。アドバイスする。やる気にさせる
		統率力	どんな場・どんな相手に対しても臆せず発言でき、自分の考えをわかりやすく伝えることができる。またそのことが議論の活性化につながることを知っており、周囲にもそれをするよう働きかけることができる	話し合う	相手に合わせて、自分の考えを述べる
				意見を主張する	集団の中で自分の意見を主張する
				建設的・創造的な討議	議論の活発化のために自ら働きかける
				意見の調整、交渉、説得	意見を調整し、合意形成する。交渉、説得をする

コンピテンシーテスト	対自己基礎力	感情制御力	自分の感情や気持ちをつかみ、状況にあわせ言動をコントロールできる。また落ち込んだり、動揺したりした時に、独自で気持ちを立て直すことができる	セルフアウェアネス	感情や気持ちを認識し、言動を統制する
				ストレスコーピング	悪影響を及ぼすストレスを処理する
				ストレスマネジメント	緊張感やプレッシャーを力に変える
		自信創出力	他者と自分の違いを認め、自分の強みを認識することができる。また、「やればなんとかなる。自分がやるなら大丈夫」と自分を信頼し、奮い立たせることができる	独自性理解	他者との違いを認め、自己の強みを認識する
				自己効力感楽観性	自信を持つ。やればできるという確信を持つ
				学習視点機会による自己変革	学ぶ視点を持つ。経験を自己の変革に活かす
		行動持続力	一度決めたこと、やり始めたことは粘り強く取り組みやり遂げることができる。またそれは自分が自分の意思・判断で行っていることだと納得をして取り組むことができる	主体的行動	自分の意志や判断において進んで行動する
				完遂	決めたことを、粘り強く取り組みやり遂げる
				良い行動の習慣化	自分なりのやり方を見いだし、習慣化する
	対課題基礎力	課題発見力	さまざまな角度から情報を集め、分析し、本質的な問題の全体を捉えることができる。また原因は何なのかを特定し、課題を抽出することができる	情報収集	適切な方法を選択して情報を収集する
				本質理解	事実に基づいて情報を捉え、本質を見極める
				原因追究	課題を分析し、原因を明らかにする
		計画立案力	目標の実現や課題解決に向けての見通しを立てることができる、また、その計画が妥当なものであるか、一貫した関連性があるものかを評価し、ブラッシュアップできる	目標設定	ゴールイメージを明確にし、目標を立てる
				シナリオ構築	目標や課題解決に向けての見通しを立てる
				計画評価	自分の立てた計画を振り返り、見直す
				リスク分析	リスクを想定し、事前に対策を講じる
		実践力	幅広い視点からリスクを想定し、事前に対策を講じる。また、得られた結果に対しても検証をし、次回の改善につなげることができる	実践行動	自ら物事にとりかかる、実行に移す
				修正・調整	状況を見て、計画や行動を柔軟に変更する
				検証・改善	結果を検証し、次の改善につなげる

基本クロス集計結果（雇用形態別）

※雇用形態「非正規社員」＝Q3の雇用形態で「正社員・正職員」以外を選択した回答者。

A. 基本属性（個人）

			性別	
		n数	男性	女性
全体		4000	50.0	50.0
正社員	全体	2970	60.7	39.3
非正規社員	全体	1030	19.2	80.8

			年齢				
		n数	25～29歳	30～34歳	35～39歳	40～44歳	45～49歳
全体		4000	19.9	20.0	20.0	20.0	20.1
正社員	全体	2970	22.2	21.7	19.6	18.7	17.8
	男性	1802	19.6	20.2	19.8	20.3	20.1
	女性	1168	26.2	24.0	19.3	16.3	14.3
非正規社員	全体	1030	13.4	15.2	21.4	23.6	26.4

			居住地域							
		n数	北海道	東北地方	関東地方	中部地方	近畿地方	中国地方	四国地方	九州地方
全体		4000	3.0	3.9	42.5	17.8	18.8	4.7	1.8	7.6
正社員	全体	2970	2.8	4.2	44.8	16.8	17.9	4.5	1.6	7.4
	男性	1802	2.8	4.1	45.0	17.6	17.1	4.4	1.9	7.1
	女性	1168	2.7	4.3	44.4	15.5	19.3	4.7	1.2	7.9
非正規社員	全体	1030	3.7	3.0	36.0	20.7	21.2	5.1	2.1	8.2

			婚姻状況		子供の有無	
		n数	未婚	既婚	子供なし	子供あり
全体		4000	46.5	53.5	59.5	40.5
正社員	全体	2970	47.3	52.7	60.6	39.4
	男性	1802	43.2	56.8	56.0	44.0
	女性	1168	53.7	46.3	67.7	32.3
非正規社員	全体	1030	44.1	55.9	56.1	43.9

			世帯年収							
		n数	200万円未満	200～400万円未満	400～600万円未満	600～800万円未満	800～1000万円未満	1000～1200万円未満	1200～1500万円未満	1500～2000万円未満
全体		3373	2.7	16.5	24.2	21.6	13.4	6.5	3.8	1.6
正社員	全体	2555	0.9	14.3	25.0	22.7	15.0	7.7	4.5	1.9
	男性	1654	0.8	12.0	28.2	23.9	15.7	7.7	4.5	1.9
	女性	901	1.1	18.5	19.2	20.6	13.8	7.7	4.6	2.0
非正規社員	全体	818	8.3	23.2	21.5	18.0	8.4	2.7	1.3	0.6

		2000万円以上	わからない
全体		0.7	9.1
正社員	全体	0.9	7.0
	男性	0.7	4.6
	女性	1.2	11.3
非正規社員	全体	－	15.9

※集計母数は年収情報未登録者を除く。

		個人年収							
		n数	200万円未満	200～400万円未満	400～600万円未満	600～800万円未満	800～1000万円未満	1000～1200万円未満	1200～1500万円未満	1500～2000万円未満
全体		3390	18.2	32.0	28.8	10.8	4.4	1.5	0.6	0.3
正社員	全体	2565	3.4	33.6	37.2	14.3	5.8	2.0	0.8	0.4
	男性	1657	2.1	22.5	41.7	18.9	8.2	2.7	1.1	0.5
	女性	908	5.7	53.7	29.0	5.8	1.4	0.8	0.1	0.2
非正規社員	全体	825	64.2	27.0	2.7	0.1	―	―	―	―

		2000万円以上	わからない
全体		0.1	3.3
正社員	全体	0.1	2.5
	男性	0.1	2.2
	女性	0.1	3.1
非正規社員	全体	―	5.9

※集計母数は年収情報未登録者を除く。

		最終学歴				
		n数	短期大学卒	高等専門学校卒	四年制大学卒	大学院卒
全体		4000	12.6	2.0	74.6	10.7
正社員	全体	2970	7.1	1.9	77.8	13.2
	男性	1802	2.1	2.1	77.9	17.9
	女性	1168	15.0	1.6	77.6	5.8
非正規社員	全体	1030	28.4	2.3	65.5	3.7

		Q1.最終学歴における専門分野							
		n数	人文科学系（文学や史学、哲学、心理学、教育学など）	社会科学系（法学、政治学、商学、経済学、社会学など）	理工系（工学、理学、農学、情報工学など）	医学、薬学	建築	芸術（音楽、美術）	福祉	その他
全体		4000	26.9	30.8	24.2	6.7	1.2	2.9	4.1	3.4
正社員	全体	2970	22.4	32.7	29.0	7.1	1.3	2.0	3.3	2.2
	男性	1802	12.4	38.0	40.3	4.4	1.4	0.7	2.2	0.5
	女性	1168	37.8	24.7	11.5	11.2	1.2	3.9	5.0	4.7
非正規社員	全体	1030	39.7	25.2	10.3	5.5	0.9	5.3	6.2	6.8

		Q3.雇用形態					
		n数	正社員・正職員	契約社員・契約職員	嘱託社員・嘱託職員	パート・アルバイト	派遣社員	その他
全体		4000	74.3	4.1	0.4	18.6	2.5	0.2
正社員	全体	2970	100.0	―	―	―	―	―
	男性	1802	100.0	―	―	―	―	―
	女性	1168	100.0	―	―	―	―	―
非正規社員	全体	1030	―	15.9	1.6	72.1	9.6	0.8

			Q4. 勤務先の業種									
		n数	農林漁業	建設業	製造業	電気・ガス・熱供給・水道業	情報通信業	運輸業、郵便業	卸売業、小売業	金融業、保険業	不動産業、物品賃貸業
全体		4000	0.4	5.1	20.9	1.4	8.4	4.6	12.0	5.5	2.4
正社員	全体	2970	0.4	6.1	24.8	1.5	10.1	4.2	10.1	6.3	2.8
	男性	1802	0.4	6.0	30.4	2.0	11.8	5.1	9.6	5.1	2.4
	女性	1168	0.3	6.3	16.2	0.9	7.4	2.7	11.0	8.0	3.4
非正規社員	全体	1030	0.5	2.0	9.5	1.0	3.7	5.6	17.2	3.2	1.4

		学術研究、専門・技術サービス業	サービス業	教育、学習支援業	医療、福祉	その他	無効回答
全体		4.8	15.0	5.3	13.2	0.7	0.5
正社員	全体	5.3	12.1	3.1	12.8	0.3	0.2
	男性	5.6	10.7	2.5	8.0	0.2	0.3
	女性	4.7	14.2	3.9	20.3	0.4	0.2
非正規社員	全体	3.4	23.4	11.7	14.1	2.0	1.3

			Q5. 企業規模								
		n数	9人以下	10～49人	50～99人	100～299人	300～999人	1000～2999人	3000～4999人	5000人以上	わからない
全体		4000	6.9	13.9	9.6	14.3	15.7	10.1	5.1	18.2	6.3
正社員	全体	2970	5.8	13.2	9.3	15.4	17.8	11.4	6.1	19.7	1.3
	男性	1802	3.8	10.1	9.0	15.6	19.4	12.4	7.0	21.5	1.1
	女性	1168	8.7	18.0	9.6	15.2	15.4	9.8	4.7	17.0	1.7
非正規社員	全体	1030	10.1	15.8	10.7	10.9	9.6	6.2	2.2	13.8	20.7

			Q6. あなたの職種								
		n数	専門職	技術職（IT）	技術職（製造業・その他）	研究職	事務職	営業職	販売職	サービス職	保安職
全体		4000	12.8	8.5	13.3	2.8	32.7	11.3	5.7	10.9	0.6
正社員	全体	2970	12.8	10.9	14.9	3.4	32.6	14.7	3.4	6.0	0.6
	男性	1802	9.1	14.4	21.2	4.9	19.9	18.6	3.6	6.4	0.9
	女性	1168	18.4	5.5	5.3	1.1	52.2	8.7	3.1	5.4	0.1
非正規社員	全体	1030	13.0	1.6	8.3	1.2	32.7	1.4	12.3	25.1	0.5

		その他	無効回答
全体		1.3	0.2
正社員	全体	0.7	0.0
	男性	1.0	0.1
	女性	0.2	—
非正規社員	全体	3.1	0.8

			Q7. 現在の役職						
		n数	一般	主任	係長	課長	部長	事業部長	役員・代表取締役
全体		4000	74.3	11.1	5.8	6.9	1.5	0.2	0.2
正社員	全体	2970	65.7	14.6	7.8	9.3	2.1	0.2	0.3
	男性	1802	55.6	17.6	10.4	13.0	2.7	0.3	0.3
	女性	1168	81.3	10.0	3.9	3.5	1.0	0.1	0.3
非正規社員	全体	1030	99.0	1.0	—	—	—	—	—

C. 学生時代

		Q8.大学（高専・短大）卒業時の成績					
		n数	良い	どちらかと いえば良い	どちらとも いえない	どちらかと いえば良くない	良くない
全体		4000	15.6	34.7	33.1	12.7	4.0
正社員	全体	2970	15.7	34.8	31.8	13.5	4.2
	男性	1802	13.5	33.0	33.2	15.1	5.2
	女性	1168	19.1	37.7	29.7	11.0	2.6
非正規社員	全体	1030	15.0	34.2	36.9	10.5	3.4

		Q9.学生生活全般の満足度					
		n数	とても満足 している	やや満足 している	どちらとも いえない	あまり満足 していない	まったく満足 していない
全体		4000	17.5	44.2	20.9	13.0	4.5
正社員	全体	2970	17.6	45.3	20.4	12.6	4.1
	男性	1802	16.9	44.0	21.6	13.0	4.5
	女性	1168	18.8	47.2	18.5	12.0	3.6
非正規社員	全体	1030	17.3	41.1	22.2	14.0	5.4

D. 仕事や職場状況（Q10）

		Q10-1.自分で仕事のやり方を決めることができる					
		n数	とても あてはまる	やや あてはまる	どちらとも いえない	あまり あてはまらない	まったく あてはまらない
全体		4000	11.6	45.6	18.9	16.7	7.3
正社員	全体	2970	12.6	50.2	18.2	14.2	4.9
	男性	1802	13.0	50.1	18.7	13.3	4.9
	女性	1168	11.9	50.3	17.4	15.6	4.8
非正規社員	全体	1030	8.9	32.4	20.8	23.8	14.1

		Q10-2.仕事に必要なスキルを、自主的に学んでいる					
		n数	とても あてはまる	やや あてはまる	どちらとも いえない	あまり あてはまらない	まったく あてはまらない
全体		4000	11.3	40.2	25.5	16.2	6.8
正社員	全体	2970	12.3	42.6	24.8	15.1	5.3
	男性	1802	13.6	41.8	25.4	14.6	4.6
	女性	1168	10.4	43.8	23.9	15.8	6.3
非正規社員	全体	1030	8.3	33.3	27.7	19.6	11.2

		Q10-3.上司を含め周囲の人は、仕事に必要な情報やスキルを提供し、仕事の相談に乗ってくれる					
		n数	とても あてはまる	やや あてはまる	どちらとも いえない	あまり あてはまらない	まったく あてはまらない
全体		4000	13.1	42.7	25.5	12.2	6.6
正社員	全体	2970	13.3	42.9	25.1	12.7	6.1
	男性	1802	13.7	41.2	27.1	12.5	5.5
	女性	1168	12.6	45.5	22.1	12.9	6.9
非正規社員	全体	1030	12.4	42.3	26.4	10.6	8.3

		Q10-4.今の職場では組織の目標や戦略が共有されている					
		n数	とても あてはまる	やや あてはまる	どちらとも いえない	あまり あてはまらない	まったく あてはまらない
全体		4000	8.9	37.0	28.6	17.8	7.8
正社員	全体	2970	9.3	38.4	27.4	17.8	7.1
	男性	1802	9.2	38.6	29.5	16.2	6.5
	女性	1168	9.6	38.1	24.1	20.2	8.0
非正規社員	全体	1030	7.7	32.9	31.9	17.8	9.7

			Q10-5. 自分の職場では、自分の考えや感情を安心して発言できる雰囲気がある				
		n数	とても あてはまる	やや あてはまる	どちらとも いえない	あまり あてはまらない	まったく あてはまらない
全体		4000	11.9	39.6	27.0	13.5	8.0
正社員	全体	2970	12.3	40.5	26.6	13.4	7.2
	男性	1802	12.0	40.6	27.0	13.3	7.0
	女性	1168	12.8	40.4	25.9	13.4	7.4
非正規社員	全体	1030	10.9	37.0	28.2	13.8	10.2

D. 仕事や職場状況（Q11, 12）

			Q11-1. いまの会社で仕事を通じて成長できたと思う				
		n数	とても そう思う	やや そう思う	どちらとも いえない	あまり そう思わない	まったく そう思わない
全体		4000	13.1	45.2	22.4	12.2	7.2
正社員	全体	2970	14.3	46.7	21.1	11.6	6.2
	男性	1802	15.1	45.5	22.3	11.0	6.0
	女性	1168	13.2	48.5	19.3	12.4	6.5
非正規社員	全体	1030	9.4	40.7	26.0	13.9	10.0

			Q11-2. 将来もこの会社で成長し続けることができる				
		n数	とても そう思う	やや そう思う	どちらとも いえない	あまり そう思わない	まったく そう思わない
全体		4000	6.7	25.8	34.8	20.8	12.0
正社員	全体	2970	7.1	26.9	34.2	20.5	11.3
	男性	1802	8.0	28.1	35.6	18.0	10.2
	女性	1168	5.6	24.9	32.0	24.4	13.1
非正規社員	全体	1030	5.7	22.7	36.4	21.4	13.8

			Q11-3. 現在の仕事には意欲的に取り組むことができる				
		n数	とても そう思う	やや そう思う	どちらとも いえない	あまり そう思わない	まったく そう思わない
全体		4000	10.4	36.0	29.2	16.0	8.4
正社員	全体	2970	10.4	34.7	29.1	17.4	8.4
	男性	1802	11.2	34.5	29.0	17.1	8.1
	女性	1168	9.2	34.9	29.1	17.9	8.8
非正規社員	全体	1030	10.2	39.6	29.7	11.9	8.5

			Q11-4. これからのキャリアや人生を自分で切り開いていける				
		n数	とても そう思う	やや そう思う	どちらとも いえない	あまり そう思わない	まったく そう思わない
全体		4000	8.0	26.0	36.1	20.3	9.7
正社員	全体	2970	9.3	28.1	36.1	18.4	8.1
	男性	1802	10.8	30.5	35.9	16.1	6.7
	女性	1168	6.9	24.5	36.4	22.0	10.2
非正規社員	全体	1030	4.5	19.7	35.9	25.5	14.4

			Q11-5. いまの会社で働くことに誇りを持っている				
		n数	とても そう思う	やや そう思う	どちらとも いえない	あまり そう思わない	まったく そう思わない
全体		4000	8.2	24.9	33.9	19.1	13.9
正社員	全体	2970	8.2	25.2	33.4	19.5	13.7
	男性	1802	8.7	25.3	34.3	18.8	13.0
	女性	1168	7.5	25.0	32.1	20.5	14.8
非正規社員	全体	1030	8.1	24.0	35.3	18.2	14.5

			Q11-6. 現在の仕事において、自分の専門性が発揮できている				
		n数	とても そう思う	やや そう思う	どちらとも いえない	あまり そう思わない	まったく そう思わない
全体		4000	9.0	31.5	26.8	19.7	13.0
正社員	全体	2970	9.7	33.7	27.0	18.7	10.9
	男性	1802	10.1	34.1	28.7	18.1	9.0
	女性	1168	9.1	33.1	24.4	19.6	13.8
非正規社員	全体	1030	7.1	25.1	26.3	22.5	18.9

			Q11-7. 現在の仕事は、自分の興味や自身が望む働き方と合致している				
		n数	とても そう思う	やや そう思う	どちらとも いえない	あまり そう思わない	まったく そう思わない
全体		4000	10.5	33.7	29.9	15.9	10.1
正社員	全体	2970	9.7	32.7	30.7	17.3	9.5
	男性	1802	9.8	31.1	32.6	17.4	9.0
	女性	1168	9.7	35.2	27.7	17.1	10.3
非正規社員	全体	1030	12.7	36.6	27.4	11.7	11.6

			Q11-8. 現在の職場で評価されている				
		n数	とても そう思う	やや そう思う	どちらとも いえない	あまり そう思わない	まったく そう思わない
全体		4000	8.6	33.3	36.5	13.9	7.7
正社員	全体	2970	9.1	33.5	35.4	14.4	7.7
	男性	1802	9.8	32.0	36.7	13.7	7.8
	女性	1168	8.0	35.7	33.2	15.7	7.4
非正規社員	全体	1030	7.4	32.8	39.7	12.2	7.9

			Q11-9. 自分の職場は良い職場だと思っている				
		n数	とても そう思う	やや そう思う	どちらとも いえない	あまり そう思わない	まったく そう思わない
全体		4000	12.6	36.5	30.2	12.3	8.4
正社員	全体	2970	11.8	36.1	30.6	12.7	8.8
	男性	1802	10.9	34.7	32.9	12.5	9.0
	女性	1168	13.3	38.2	27.0	13.0	8.6
非正規社員	全体	1030	14.9	37.9	29.2	10.9	7.2

			Q11-10. 社内にいても孤立感を感じる				
		n数	とても そう思う	やや そう思う	どちらとも いえない	あまり そう思わない	まったく そう思わない
全体		4000	6.5	15.2	26.1	34.7	17.7
正社員	全体	2970	6.8	15.7	25.9	35.2	16.4
	男性	1802	7.4	15.7	28.0	33.2	15.6
	女性	1168	5.9	15.7	22.7	38.2	17.6
非正規社員	全体	1030	5.4	13.6	26.4	33.2	21.4

			Q12. 現在の職場での仕事に対する満足度				
		n数	とても 満足している	やや 満足している	どちらとも いえない	あまり 満足していない	まったく 満足していない
全体		4000	7.9	41.1	26.0	16.5	8.6
正社員	全体	2970	7.6	39.7	25.8	17.9	9.1
	男性	1802	7.2	39.3	27.4	16.7	9.4
	女性	1168	8.2	40.2	23.3	19.7	8.6
非正規社員	全体	1030	8.6	45.0	26.6	12.6	7.1

		n数	学校に通った	単発の講座、セミナー、勉強会に参加した	通信教育を受けた	eラーニングを受けた	仕事や資格、キャリアに関する本を読んだ	インターネットなどで調べものをした	詳しい人に話をきいた	その他	仕事に関する学習活動は行わなかった
全体		4000	2.2	12.9	5.8	16.1	27.2	38.0	12.1	0.6	42.6
正社員	全体	2970	2.3	15.2	7.0	19.5	31.1	41.0	13.5	0.4	37.4
	男性	1802	2.7	16.3	7.6	20.8	33.2	44.6	15.8	0.3	34.0
	女性	1168	1.6	13.5	6.1	17.5	27.9	35.4	9.9	0.6	42.6
非正規社員	全体	1030	1.9	6.2	2.3	6.2	15.6	29.3	8.1	0.9	57.5

Q13.昨年1年間に行った仕事に関する学習活動

		n数	学校に通った	単発の講座、セミナー、勉強会に参加した	通信教育を受けた	eラーニングを受けた	仕事や資格、キャリアに関する本を読んだ	インターネットなどで調べものをした	詳しい人に話をきいた	その他
学習活動者		1885	4.7	27.4	12.3	34.1	57.6	58.7	25.7	1.2
正社員	全体	1579	4.3	28.6	13.2	36.6	58.6	59.3	25.4	0.8
	男性	1007	4.9	29.2	13.6	37.1	59.5	61.7	28.3	0.6
	女性	572	3.3	27.6	12.4	35.7	57.0	55.2	20.3	1.2
非正規社員	全体	306	6.5	20.9	7.8	20.9	52.6	55.6	27.1	2.9

※集計母数「学習活動者」＝「インターネットなどで調べものをした」のみの回答者および「仕事に関する学習活動は行わなかった」を除く。以下、同様。

Q14.学習活動を行った理由

		n数	現在の仕事に必要だから	昇進や昇格、昇給のため	転職や独立、希望する部署への異動のため	今の仕事でその道をきわめるため	学び続けるのが当然だから	その他	特に理由はない	無回答
学習活動者		1885	62.9	22.2	19.7	22.6	31.6	1.9	5.7	0.4
正社員	全体	1579	63.5	24.5	19.2	23.4	31.7	1.6	5.0	0.5
	男性	1007	66.2	27.8	17.8	23.9	33.4	1.0	4.8	0.7
	女性	572	58.7	18.7	21.7	22.6	28.8	2.8	5.4	0.2
非正規社員	全体	306	59.8	10.5	22.5	18.3	31.0	2.9	9.2	—

Q15.仕事に関して、何を学ぶべきかわかっていると思うか

		n数	とてもそう思う	ややそう思う	どちらともいえない	あまりそう思わない	まったくそう思わない
全体		4000	8.7	44.0	27.3	14.7	5.4
正社員	全体	2970	9.7	46.1	26.3	13.6	4.3
	男性	1802	10.9	46.5	27.4	10.5	4.8
	女性	1168	7.8	45.5	24.7	18.5	3.5
非正規社員	全体	1030	5.8	37.9	30.0	17.7	8.6

Q16.学んだ内容を、他の人に進んで話そうとするか

		n数	とてもあてはまる	ややあてはまる	どちらともいえない	あまりあてはまらない	まったくあてはまらない
全体		4000	5.6	27.5	27.5	26.7	12.9
正社員	全体	2970	6.0	28.6	27.2	26.0	12.2
	男性	1802	6.0	28.7	29.1	24.2	12.0
	女性	1168	5.8	28.4	24.4	28.8	12.6
非正規社員	全体	1030	4.5	24.3	28.1	28.5	14.7

		Q17.学んだことを、進んで仕事に役立てようとするか				
		n数	とても あてはまる	やや あてはまる	どちらとも いえない	あまり あてはまらない	まったく あてはまらない
全体		4000	16.1	50.8	22.4	7.5	3.3
正社員	全体	2970	16.5	51.6	21.9	7.1	3.0
	男性	1802	16.6	49.3	23.7	7.4	3.1
	女性	1168	16.4	55.2	19.0	6.6	2.8
非正規社員	全体	1030	14.9	48.4	24.0	8.5	4.2

F. 長期スパンの成長

		Q18.これまで仕事を通した成長感				
		n数	とても成長した と思う	成長したと思う	どちらとも いえない	あまり成長して いないと思う	まったく成長し ていないと思う
全体		4000	13.9	55.9	18.7	7.9	3.7
正社員	全体	2970	14.5	56.9	17.8	7.5	3.3
	男性	1802	14.0	56.2	19.0	7.3	3.4
	女性	1168	15.2	57.9	16.0	7.8	3.1
非正規社員	全体	1030	12.0	53.1	21.0	8.9	5.0

		Q19-1.社内で研修や教育を受けたことで、成長することができた					
		n数	とても そう思う	やや そう思う	どちらともい えない	あまりそう思 わない	まったくそう 思わない	無回答
成長を実感している者		3851	5.4	36.6	26.7	20.6	10.2	0.5
正社員	全体	2872	5.5	36.7	26.5	20.9	10.1	0.4
	男性	1740	5.3	35.5	29.4	20.3	9.0	0.5
	女性	1132	5.7	38.6	22.0	21.6	11.7	0.3
非正規社員	全体	979	5.1	36.4	27.3	19.9	10.3	1.0

※集計母数「成長を実感している者」＝Q19で「まったく成長していないと思う」を除いた回答者。以下同様。

		Q19-2.職場外で学習したことで、成長することができた					
		n数	とても そう思う	やや そう思う	どちらともい えない	あまりそう思 わない	まったくそう 思わない	無回答
成長を実感している者		3851	10.1	36.6	29.1	16.8	6.6	0.8
正社員	全体	2872	11.1	38.2	28.2	16.1	5.8	0.5
	男性	1740	12.4	38.9	30.3	13.7	4.3	0.5
	女性	1132	9.2	37.2	24.9	19.9	8.3	0.5
非正規社員	全体	979	7.2	31.9	31.9	18.7	9.0	1.4

		Q19-3.社内に目標にできる人がいたので、成長することができた					
		n数	とても そう思う	やや そう思う	どちらともい えない	あまりそう思 わない	まったくそう 思わない	無回答
成長を実感している者		3851	8.5	29.0	28.6	21.8	11.3	0.8
正社員	全体	2872	8.8	29.5	28.3	21.6	11.2	0.6
	男性	1740	9.0	29.7	30.8	20.5	9.5	0.6
	女性	1132	8.6	29.3	24.4	23.2	13.9	0.6
非正規社員	全体	979	7.6	27.5	29.6	22.6	11.3	1.4

		Q19-4.上司から仕事の助言を得られたので、成長することができた					
		n数	とても そう思う	やや そう思う	どちらともい えない	あまりそう思 わない	まったくそう 思わない	無回答
成長を実感している者		3851	8.5	38.7	26.0	17.8	8.2	0.8
正社員	全体	2872	9.0	38.5	25.9	17.5	8.4	0.6
	男性	1740	8.9	37.9	28.1	17.0	7.6	0.6
	女性	1132	9.3	39.5	22.5	18.3	9.7	0.7
非正規社員	全体	979	7.0	39.1	26.3	18.7	7.7	1.2

		Q19-5. ゼロから仕事を立ち上げる経験をしたので、成長することができた					
		n数	とても そう思う	やや そう思う	どちらともい えない	あまりそう思 わない	まったくそう 思わない	無回答
成長を実感している者		3851	7.6	21.2	22.0	22.2	26.0	1.0
正社員	全体	2872	8.7	23.5	22.7	21.7	22.6	0.8
	男性	1740	9.3	25.8	26.1	20.7	17.3	0.9
	女性	1132	7.9	19.9	17.6	23.1	30.7	0.8
非正規社員	全体	979	4.3	14.4	19.9	23.8	36.0	1.6

		Q19-6. 教育・指導する相手ができたので、成長することができた					
		n数	とても そう思う	やや そう思う	どちらともい えない	あまりそう思 わない	まったくそう 思わない	無回答
成長を実感している者		3851	7.8	31.8	25.4	19.7	14.4	1.0
正社員	全体	2872	8.5	33.9	24.8	18.5	13.5	0.8
	男性	1740	9.0	33.6	28.3	18.2	10.1	0.8
	女性	1132	7.9	34.5	19.3	18.9	18.8	0.7
非正規社員	全体	979	5.5	25.6	27.2	23.2	16.9	1.6

		Q19-7. 責任のある役割を与えられたので、成長することができた					
		n数	とても そう思う	やや そう思う	どちらともい えない	あまりそう思 わない	まったくそう 思わない	無回答
成長を実感している者		3851	12.2	38.5	25.9	14.5	8.1	0.9
正社員	全体	2872	13.7	40.8	24.8	13.1	6.9	0.7
	男性	1740	15.6	40.0	26.6	11.9	5.4	0.6
	女性	1132	10.9	42.1	22.0	15.0	9.2	0.8
非正規社員	全体	979	7.6	31.7	29.1	18.6	11.5	1.5

		Q19-8. 仕事にやりがい・意義を感じたので、成長することができた					
		n数	とても そう思う	やや そう思う	どちらともい えない	あまりそう思 わない	まったくそう 思わない	無回答
成長を実感している者		3851	12.6	39.2	28.1	12.9	6.3	0.9
正社員	全体	2872	12.9	39.1	28.1	12.8	6.4	0.7
	男性	1740	12.9	37.4	30.5	12.4	6.3	0.6
	女性	1132	12.9	41.7	24.6	13.6	6.5	0.7
非正規社員	全体	979	12.0	39.6	28.1	12.9	6.0	1.4

		Q19-9. 大きな失敗を乗り越えたことで、成長することができた					
		n数	とても そう思う	やや そう思う	どちらともい えない	あまりそう思 わない	まったくそう 思わない	無回答
成長を実感している者		3851	9.2	34.0	31.0	17.6	7.3	0.9
正社員	全体	2872	9.9	35.6	31.0	16.2	6.6	0.7
	男性	1740	10.6	36.7	31.6	14.9	5.5	0.7
	女性	1132	8.8	33.9	30.1	18.1	8.2	0.8
非正規社員	全体	979	6.9	29.3	31.2	21.7	9.5	1.4

		Q19-10. 職場の雰囲気が良かったので、成長することができた					
		n数	とても そう思う	やや そう思う	どちらともい えない	あまりそう思 わない	まったくそう 思わない	無回答
成長を実感している者		3851	11.1	36.8	30.4	13.6	7.2	0.9
正社員	全体	2872	10.6	35.4	31.5	14.2	7.5	0.8
	男性	1740	9.4	33.3	33.7	15.2	7.6	0.7
	女性	1132	12.5	38.5	28.0	12.7	7.3	0.9
非正規社員	全体	979	12.6	40.9	27.1	11.8	6.3	1.3

		n数	とても そう思う	やや そう思う	どちらともい えない	あまりそう思 わない	まったくそう 思わない	無回答
		\multicolumn{8}{c}{Q19-11.転職や部署異動による環境の変化があったので、成長することができた}
成長を実感している者		3851	9.0	27.8	27.7	18.2	16.3	1.1
正社員	全体	2872	10.2	29.1	26.9	17.5	15.4	0.9
	男性	1740	10.9	27.5	29.9	17.0	13.7	0.9
	女性	1132	9.1	31.6	22.2	18.2	17.9	1.0
非正規社員	全体	979	5.4	23.9	29.9	20.1	19.1	1.5

G. 働き方志向

		n数	とても そう思う	やや そう思う	どちらとも いえない	あまりそう 思わない	まったくそ う思わない
		\multicolumn{7}{c}{Q21.自分の働き方（職種や業務）を自分で決めたいと思うか}
全体		4000	33.8	49.8	13.7	2.2	0.6
正社員	全体	2970	32.8	50.7	14.0	2.0	0.5
	男性	1802	30.9	51.6	15.1	1.9	0.6
	女性	1168	35.8	49.4	12.3	2.1	0.3
非正規社員	全体	1030	36.7	47.0	12.6	2.7	1.0

		n数	Aの方が よく当てはまる	どちらかといえば Aの方が当てはまる	どちらかといえば Bの方が当てはまる	Bの方が よく当てはまる
		\multicolumn{6}{c}{Q22-1.【A】常に新しいことに挑戦するような刺激の多い環境で仕事をすること ←→ 【B】葛藤やストレスの無い心穏やかな環境で仕事をすること}
全体		4000	4.8	18.2	35.6	41.5
正社員	全体	2970	5.6	21.0	36.4	37.0
	男性	1802	7.1	24.7	38.5	29.7
	女性	1168	3.3	15.4	33.0	48.2
非正規社員	全体	1030	2.3	10.0	33.3	54.4

		n数	Aの方が よく当てはまる	どちらかといえば Aの方が当てはまる	どちらかといえば Bの方が当てはまる	Bの方が よく当てはまる
		\multicolumn{6}{c}{Q22-2.【A】現状に満足せず常に変化を求め、困難な課題に臨むこと ←→ 【B】経済的な安定を得て、安心して仕事や家庭生活を続けること}
全体		4000	6.1	14.9	36.5	42.5
正社員	全体	2970	7.6	16.9	36.6	38.9
	男性	1802	9.6	20.8	38.2	31.4
	女性	1168	4.5	10.8	34.2	50.5
非正規社員	全体	1030	1.7	9.3	36.0	53.0

		n数	Aの方が よく当てはまる	どちらかといえば Aの方が当てはまる	どちらかといえば Bの方が当てはまる	Bの方が よく当てはまる
		\multicolumn{6}{c}{Q22-3.【A】独自性にこだわって、自分にしかできないことを実現すること ←→ 【B】仲間と協力し合って、ひとつの目標に向かうこと}
全体		4000	10.7	28.8	40.5	20.0
正社員	全体	2970	11.2	29.7	39.9	19.2
	男性	1802	13.9	32.2	37.7	16.1
	女性	1168	7.1	25.7	43.4	23.8
非正規社員	全体	1030	9.1	26.2	42.1	22.5

		n数	Aの方が よく当てはまる	どちらかといえば Aの方が当てはまる	どちらかといえば Bの方が当てはまる	Bの方が よく当てはまる
		\multicolumn{6}{c}{Q22-4.【A】働き方を自分の裁量で自由に決められること ←→ 【B】周囲の人と影響し合いながら組織の中で力を発揮すること}
全体		4000	22.1	39.8	29.9	8.2
正社員	全体	2970	22.8	40.3	29.9	7.1
	男性	1802	23.7	41.3	29.0	5.9
	女性	1168	21.3	38.6	31.2	8.9
非正規社員	全体	1030	20.3	38.4	30.1	11.2

| | | Q22-5.【A】組織のメンバーに戦略や指示を与えて業績をあげること ←→ | | | |
| | | 【B】常に知識や技能に磨きをかけ自分の専門分野をきわめること | | | |
	n数	Aの方が よく当てはまる	どちらかといえば Aの方が当てはまる	どちらかといえば Bの方が当てはまる	Bの方が よく当てはまる
全体	4000	5.9	23.2	50.2	20.7
正社員 全体	2970	7.0	25.3	48.0	19.7
男性	1802	8.7	29.0	44.8	17.5
女性	1168	4.5	19.4	53.0	23.0
非正規社員 全体	1030	2.5	17.3	56.4	23.8

| | | Q22-6.【A】高い地位や大きな権限を持ち、それに見合った報酬を得ること ←→ | | | |
| | | 【B】弱者の救済やより良い社会の実現のために力を尽くすこと | | | |
	n数	Aの方が よく当てはまる	どちらかといえば Aの方が当てはまる	どちらかといえば Bの方が当てはまる	Bの方が よく当てはまる
全体	4000	10.6	34.8	42.6	12.1
正社員 全体	2970	12.5	38.4	38.2	11.0
男性	1802	14.5	41.8	34.4	9.3
女性	1168	9.2	33.0	44.2	13.6
非正規社員 全体	1030	5.0	24.4	55.2	15.3

| | | Q23. 会社の現状の雇用形態【A】ジョブ型雇用 ←→ 【B】メンバーシップ型雇用 | | | |
	n数	Aの方が よく当てはまる	どちらかといえば Aの方が当てはまる	どちらかといえば Bの方が当てはまる	Bの方が よく当てはまる
全体	4000	16.9	31.2	32.4	19.5
正社員 全体	2970	16.8	30.4	31.8	21.1
男性	1802	17.5	31.3	31.6	19.6
女性	1168	15.8	28.9	31.9	23.4
非正規社員 全体	1030	17.2	33.4	34.4	15.0

| | | Q24. 希望の雇用形態【A】ジョブ型雇用 ←→ 【B】メンバーシップ型雇用 | | | |
	n数	Aの方が よく当てはまる	どちらかといえば Aの方が当てはまる	どちらかといえば Bの方が当てはまる	Bの方が よく当てはまる
全体	4000	17.8	42.6	31.8	7.8
正社員 全体	2970	18.2	42.3	31.7	7.8
男性	1802	19.1	42.1	31.0	7.8
女性	1168	16.7	42.6	32.9	7.8
非正規社員 全体	1030	16.7	43.5	31.9	7.9

H. 転職希望等

| | | Q25. 一日の勤務時間（残業時間を含む） | | | | | | | | |
	n数	5時間 以下	6時間 程度	7時間 程度	8時間 程度	9時間 程度	10時間 程度	11時間 程度	12時間 程度	13時間 以上
全体	4000	11.6	6.3	9.9	37.5	17.4	11.7	2.8	1.9	1.0
正社員 全体	2970	3.7	2.2	7.4	42.0	22.3	15.1	3.7	2.4	1.3
男性	1802	3.4	0.7	3.7	35.7	26.5	19.9	4.9	3.3	1.9
女性	1168	4.1	4.5	13.2	51.7	15.8	7.5	2.0	0.9	0.3
非正規社員 全体	1030	34.2	18.2	17.0	24.6	3.4	2.0	0.1	0.4	0.2

		Q26. 職場でのテレワークの制度の導入状況					
		n数	制度として導入されていて、自分に適用されている	制度として導入されていて、自分に適用されていた（いまは適用されていない）	制度として導入されているが、自分に適用されたことはない	制度として導入されていない	わからない
全体		4000	25.2	8.0	12.7	51.4	2.8
正社員	全体	2970	30.5	9.6	13.2	45.0	1.7
	男性	1802	33.4	10.5	14.0	40.1	2.0
	女性	1168	26.0	8.3	12.0	52.5	1.2
非正規社員	全体	1030	9.8	3.3	11.1	70.0	5.8

		Q27. 1週間あたり「終日」テレワークで勤務した日数						
		n数	テレワークはない・ほとんどない	1日	2日	3日	4日	5日以上	無回答
テレワーク経験者		1327	30.4	18.8	14.4	10.7	8.0	17.6	0.2
正社員	全体	1192	30.9	19.0	14.5	11.0	7.6	16.8	0.3
	男性	791	33.6	20.1	13.7	10.6	7.1	14.5	0.4
	女性	401	25.4	17.0	16.2	11.7	8.5	21.2	―
非正規社員	全体	135	25.9	16.3	13.3	8.1	11.9	24.4	―

※集計母数「テレワーク経験者」＝Q26で「制度として導入されて自分に適用されている／適用されていた」者。

		Q28. 転職経験回数						
		n数	0回（転職したことはない）	1回	2回	3回	4回	5回	6回以上
全体		4000	36.0	25.4	15.7	11.0	4.7	3.2	4.1
正社員	全体	2970	43.1	25.4	14.5	9.2	3.6	2.1	2.0
	男性	1802	47.6	24.6	13.3	7.8	3.1	2.0	1.7
	女性	1168	36.1	26.7	16.4	11.4	4.5	2.3	2.6
非正規社員	全体	1030	15.6	25.3	19.1	16.2	7.6	6.1	10.0

		Q29. 現在の転職希望					
		n数	とてもそう思う	ややそう思う	どちらともいえない	あまりそう思わない	まったくそう思わない
全体		4000	15.2	23.4	23.6	19.8	18.0
正社員	全体	2970	15.0	25.1	22.5	19.3	18.1
	男性	1802	13.9	24.7	24.9	18.0	18.5
	女性	1168	16.7	25.8	18.8	21.2	17.5
非正規社員	全体	1030	15.6	18.5	26.8	21.4	17.7

		Q30. 転職したい理由							
		n数	ほかにやりたい仕事がある	専門知識・技術力を習得したい	会社の将来が不安	社員を育てる環境がない	意見が言いにくい	昇給が望めない	給料に不満がある
転職希望者		2487	14.4	14.6	30.4	18.6	11.9	32.8	44.8
正社員	全体	1859	13.2	16.0	34.9	20.7	11.9	33.2	46.0
	男性	1143	14.2	17.1	35.4	20.6	12.0	29.8	45.5
	女性	716	11.6	14.1	34.1	20.9	11.7	38.5	46.8
非正規社員	全体	628	18.0	10.7	17.0	12.3	12.1	31.7	41.2

		会社の評価方法に不満がある	残業が多い・休日が少ない	人間関係がうまくいかない	結婚・出産・育児のため	肉体的・精神的につらい	倒産/リストラ/契約期間の満了	その他	無回答
転職希望者		19.5	14.0	16.0	9.8	21.8	3.5	4.9	3.1
正社員	全体	23.1	16.3	15.9	9.9	21.7	2.1	4.1	2.8
	男性	22.5	16.7	16.1	4.3	21.4	2.4	4.0	2.9
	女性	24.2	15.6	15.6	18.9	22.1	1.5	4.2	2.7
非正規社員	全体	8.9	7.3	16.4	9.4	22.0		7.5	4.1

※集計母数「転職希望者」＝Q29で「あまりそう思わない」「まったくそう思わない」を除いた回答者。

※能力の判定はリテラシーのランクはレベル1〜9、コンピテンシーのランクはレベル1〜7。
スコアはそれぞれ属性別の平均値。

正社員

		n数	リテラシー	コンピテンシー 総合	大分類 対人基礎力	大分類 対自己基礎力	大分類 対課題基礎力	中分類 親和力	中分類 協働力	中分類 統率力	中分類 感情制御力	中分類 自信創出力	中分類 行動持続力	中分類 課題発見力	中分類 計画立案力	中分類 実践力
正社員全体		2970	3.21	3.11	3.04	3.49	4.04	3.09	3.07	3.15	3.46	3.47	3.50	3.87	3.97	3.82
性別	男性	1802	3.19	3.27	3.19	3.67	4.07	3.15	3.19	3.39	3.66	3.56	3.67	3.96	3.98	3.79
	女性	1168	3.25	2.86	2.79	3.22	4.00	2.98	2.89	2.80	3.15	3.34	3.23	3.73	3.95	3.88
年齢別	25〜29歳	659	3.34	2.99	3.00	3.32	3.89	3.10	3.05	3.04	3.39	3.32	3.31	3.69	3.86	3.68
	30〜34歳	644	3.27	3.10	3.05	3.44	4.05	3.16	3.09	3.09	3.42	3.40	3.46	3.85	4.01	3.81
	35〜39歳	581	3.43	3.09	3.02	3.41	4.14	3.06	3.05	3.19	3.31	3.44	3.44	3.94	4.02	3.92
	40〜44歳	556	2.99	3.20	3.09	3.66	4.06	3.07	3.06	3.31	3.60	3.60	3.69	3.86	3.99	3.86
	45〜49歳	530	2.97	3.20	3.02	3.70	4.07	3.02	3.08	3.17	3.61	3.68	3.65	4.03	3.96	3.87
性×年齢別 男性	25〜29歳	353	3.29	3.19	3.24	3.50	3.91	3.30	3.22	3.31	3.57	3.41	3.56	3.73	3.84	3.63
	30〜34歳	364	3.21	3.36	3.29	3.73	4.06	3.29	3.23	3.42	3.72	3.59	3.74	3.93	4.02	3.79
	35〜39歳	356	3.30	3.28	3.21	3.59	4.25	3.15	3.19	3.45	3.51	3.58	3.56	4.10	4.11	3.93
	40〜44歳	366	3.16	3.23	3.11	3.72	4.04	3.00	3.09	3.45	3.73	3.56	3.77	3.94	3.97	3.77
	45〜49歳	363	2.99	3.30	3.12	3.80	4.07	3.01	3.20	3.30	3.74	3.68	3.74	4.08	3.94	3.81
性×年齢別 女性	25〜29歳	306	3.41	2.75	2.72	3.11	3.88	2.88	2.86	2.73	3.17	3.22	3.02	3.65	3.89	3.73
	30〜34歳	280	3.35	2.76	2.73	3.06	4.04	2.98	2.90	2.65	3.03	3.15	3.10	3.74	4.00	3.84
	35〜39歳	225	3.62	2.77	2.72	3.12	3.97	2.92	2.84	2.79	2.98	3.20	3.24	3.71	3.89	3.92
	40〜44歳	190	2.65	3.15	3.06	3.53	4.11	3.21	3.02	3.06	3.35	3.67	3.44	3.92	4.03	4.04
	45〜49歳	167	2.94	2.99	2.82	3.49	4.08	3.03	2.81	2.87	3.32	3.66	3.48	3.92	4.01	3.99
企業規模別	100人未満	838	2.94	2.86	2.79	3.29	3.95	2.91	2.82	2.92	3.25	3.30	3.34	3.76	3.87	3.78
	100〜299人	458	3.21	2.95	2.88	3.39	3.88	2.98	2.89	3.01	3.39	3.40	3.38	3.63	3.84	3.73
	300〜999人	530	3.26	3.22	3.17	3.56	4.04	3.13	3.25	3.31	3.54	3.57	3.54	3.93	3.93	3.89
	1000〜2999人	338	3.21	3.32	3.24	3.66	4.23	3.30	3.24	3.28	3.60	3.64	3.64	4.11	4.12	3.91
	3000人以上	767	3.50	3.37	3.26	3.70	4.20	3.26	3.27	3.37	3.64	3.61	3.70	4.03	4.14	3.87

非正規社員

		リテラシー	コンピテンシー												
			総合	大分類			中分類								
				対人基礎力	対自己基礎力	対課題基礎力	対人基礎力			対自己基礎力			対課題基礎力		
	n数						親和力	協働力	統率力	感情制御力	自信創出力	行動持続力	課題発見力	計画立案力	実践力
非正規社員全体	1030	2.91	2.50	2.41	2.94	3.94	2.61	2.56	2.41	2.87	3.03	2.97	3.49	3.97	3.89
性別 男性	198	3.16	2.53	2.43	2.87	4.02	2.47	2.51	2.73	2.89	2.82	2.91	3.56	4.04	3.82
性別 女性	832	2.85	2.49	2.40	2.95	3.92	2.64	2.58	2.33	2.87	3.08	2.98	3.47	3.96	3.91
年齢別 25～29歳	138	3.02	2.51	2.49	2.87	3.91	2.53	2.65	2.64	3.01	2.91	2.88	3.48	3.98	3.86
年齢別 30～34歳	157	3.18	2.32	2.27	2.71	3.73	2.51	2.46	2.30	2.68	2.76	2.90	3.35	3.82	3.55
年齢別 35～39歳	220	3.20	2.40	2.34	2.82	3.96	2.61	2.51	2.31	2.74	2.90	2.85	3.44	4.01	3.89
年齢別 40～44歳	243	2.83	2.57	2.42	3.10	3.95	2.58	2.55	2.45	2.95	3.27	3.08	3.57	3.91	3.95
年齢別 45～49歳	272	2.54	2.60	2.48	3.05	4.06	2.73	2.64	2.39	2.95	3.15	3.05	3.55	4.08	4.06
性×年齢別 男性 25～29歳	47	2.74	2.91	2.81	3.13	3.79	2.68	2.89	3.04	3.51	2.87	3.15	3.49	3.81	3.77
性×年齢別 男性 30～34歳	34	2.94	2.18	2.15	2.47	3.62	2.21	2.26	2.35	2.38	2.47	2.74	3.24	3.62	3.26
性×年齢別 男性 35～39歳	46	3.87	2.17	2.17	2.48	3.96	2.39	2.22	2.54	2.48	2.41	2.63	3.22	4.17	3.74
性×年齢別 男性 40～44歳	32	3.09	2.44	2.25	3.09	4.16	2.28	2.19	2.53	2.91	3.22	3.16	3.75	4.13	4.03
性×年齢別 男性 45～49歳	39	3.05	2.87	2.69	3.21	4.62	2.72	2.59	3.08	3.08	3.21	2.90	4.18	4.44	4.31
性×年齢別 女性 25～29歳	91	3.16	2.31	2.32	2.74	3.98	2.45	2.53	2.43	2.75	2.92	2.74	3.47	4.07	3.91
性×年齢別 女性 30～34歳	123	3.24	2.36	2.31	2.77	3.76	2.59	2.51	2.28	2.76	2.84	2.94	3.38	3.87	3.63
性×年齢別 女性 35～39歳	174	3.02	2.46	2.39	2.91	3.96	2.67	2.59	2.25	2.80	3.03	2.90	3.50	3.97	3.93
性×年齢別 女性 40～44歳	211	2.79	2.59	2.45	3.10	3.91	2.62	2.60	2.44	2.96	3.27	3.07	3.54	3.88	3.94
性×年齢別 女性 45～49歳	233	2.45	2.55	2.45	3.02	3.97	2.73	2.59	2.28	2.93	3.14	3.08	3.44	4.02	4.01
企業規模別 100人未満	377	2.75	2.66	2.54	3.09	3.91	2.73	2.67	2.57	3.02	3.21	3.03	3.50	3.95	3.86
企業規模別 100～299人	112	2.89	2.56	2.54	3.07	3.88	2.80	2.62	2.41	2.95	3.18	3.07	3.38	3.88	3.91
企業規模別 300～999人	99	3.12	2.42	2.27	2.83	4.06	2.42	2.59	2.31	2.64	2.92	3.11	3.72	3.94	4.05
企業規模別 1000～2999人	64	3.02	2.44	2.48	2.75	4.05	2.80	2.69	2.42	2.73	2.80	2.89	3.42	4.16	3.91
企業規模別 3000人以上	165	3.21	2.64	2.47	3.16	4.10	2.70	2.55	2.40	3.05	3.21	3.16	3.68	4.12	3.98

※n数99以下は参考。

| Q1 | 最終学歴における専門をお答えください。 | 単一選択 |

1. 人文科学系（文学や史学、哲学、心理学、教育学など）
2. 社会科学系（法学、政治学、商学、経済学、社会学など）
3. 理工系（工学、理学、農学、情報工学など）
4. 医学、薬学
5. 建築
6. 芸術（音楽、美術）
7. 福祉
8. その他【FA】

| Q2 | 最終学歴の学校名（大学名など）をお教えください。【任意回答】 | 自由記述 |

| Q3 | 雇用形態
※複数の職業に就いている方は、メインの職業についてお答えください。（以降の設問も同様です。） | 単一選択 |

1. 正社員・正職員
2. 契約社員・契約職員
3. 嘱託社員・嘱託職員
4. パート・アルバイト
5. 派遣社員
6. その他【FA】

| Q4 | 勤務先の業種（主なもの1つを選んでください） | 単一選択 |

1. 農林漁業
2. 建設業
3. 製造業
4. 電気・ガス・熱供給・水道業
5. 情報通信業
6. 運輸業、郵便業
7. 卸売業、小売業
8. 金融業、保険業
9. 不動産業、物品賃貸業
10. 学術研究、専門・技術サービス業
11. サービス業
12. 教育、学習支援業
13. 医療、福祉
14. その他【FA】

| Q5 | 企業規模 | 単一選択 |

1. 9人以下
2. 10〜49人
3. 50〜99人
4. 100〜299人
5. 300〜999人
6. 1,000〜2,999人
7. 3,000〜4,999人
8. 5,000人以上
9. わからない

| Q6 | あなたの職種（主なもの1つを選んでください） | 単一選択 |

1. 専門職
2. 技術職（IT）
3. 技術職（製造業・その他）
4. 研究職
5. 事務職
6. 営業職
7. 販売職
8. サービス職
9. 保安職
10. その他【FA】

Q7	現在の役職に近いものをお答えください。	単一選択

1. 一般
2. 主任
3. 係長
4. 課長
5. 部長
6. 事業部長
7. 役員・代表取締役

Q8	大学（高専・短大）卒業時の成績について	単一選択

1. 良い
2. どちらかといえば良い
3. どちらともいえない
4. どちらかといえば良くない
5. 良くない

Q9	学生生活全般について	単一選択

1. とても満足している
2. やや満足している
3. どちらともいえない
4. あまり満足していない
5. まったく満足していない

Q10	あなたの仕事に関する以下の項目について、どれくらいあてはまりますか。	単一選択

項目リスト

Q10- 1.　自分で仕事のやり方を決めることができる
Q10- 2.　仕事に必要なスキルを、自主的に学んでいる
Q10- 3.　上司を含め周囲の人は、仕事に必要な情報やスキルを提供し、仕事の相談に乗ってくれる
Q10- 4.　今の職場では組織の目標や戦略が共有されている
Q10- 5.　自分の職場では、自分の考えや感情を安心して発言できる雰囲気がある

　　選択肢リスト
1. とてもあてはまる
2. ややあてはまる
3. どちらともいえない
4. あまりあてはまらない
5. まったくあてはまらない

Q11	あなたの仕事に関する以下の項目について、どれくらいあてはまりますか。	単一選択

項目リスト

Q11- 1.　いまの会社で仕事を通じて成長できたと思う
Q11- 2.　将来もこの会社で成長し続けることができる
Q11- 3.　現在の仕事には意欲的に取り組むことができる
Q11- 4.　これからのキャリアや人生を自分で切り開いていける
Q11- 5.　いまの会社で働くことに誇りを持っている
Q11- 6.　現在の仕事において、自分の専門性が発揮できている
Q11- 7.　現在の仕事は、自分の興味や自身が望む働き方と合致している
Q11- 8.　現在の職場で評価されている
Q11- 9.　自分の職場は良い職場だと思っている
Q11- 10. 社内にいても孤立感を感じる

　　選択肢リスト
1. とてもそう思う
2. ややそう思う
3. どちらともいえない
4. あまりそう思わない
5. まったくそう思わない

| Q12 | あなたの仕事に関する以下の項目について、どれくらいあてはまりますか。 | 単一選択 |

項目リスト

Q12－ 1. 現在の職場での仕事に対する満足度

1. とても満足している
2. やや満足している
3. どちらともいえない
4. あまり満足していない
5. まったく満足していない

| Q13 | 昨年1年間（2022年度）、あなたは、仕事に関する学習活動を行いましたか。
あてはまるものをすべてお選びください。 | 複数選択 |

1. 学校に通った
2. 単発の講座、セミナー、勉強会に参加した
3. 通信教育を受けた
4. eラーニングを受けた
5. 仕事や資格、キャリアに関する本を読んだ
6. インターネットなどで調べものをした
7. 詳しい人に話をきいた
8. その他【FA】
9. 仕事に関する学習活動は行わなかった

| Q14 | 仕事に関する学習活動を行った理由をすべてお選びください。【任意回答】 | 複数選択 |

1. 現在の仕事に必要だから
2. 昇進や昇格、昇給のため
3. 転職や独立、希望する部署への異動のため
4. 今の仕事でその道をきわめるため
5. 学び続けるのが当然だから
6. その他【FA】
7. 特に理由はない

| Q15 | あなたは、仕事に関して、何を学ぶべきかわかっていると思いますか。 | 単一選択 |

1. とてもそう思う
2. ややそう思う
3. どちらともいえない
4. あまりそう思わない
5. まったくそう思わない

| Q16 | あなたは、学んだ内容を、他の人に進んで話そうとしますか。
※仕事に関する学習活動を行っていない人も、行うことを想定してお考えください。 | 単一選択 |

1. とてもあてはまる
2. ややあてはまる
3. どちらともいえない
4. あまりあてはまらない
5. まったくあてはまらない

| Q17 | あなたは、学んだことを、進んで仕事に役立てようとしますか。
※仕事に関する学習活動を行っていない人も、行うことを想定してお考えください。 | 単一選択 |

1. とてもあてはまる
2. ややあてはまる
3. どちらともいえない
4. あまりあてはまらない
5. まったくあてはまらない

154

Q18　これまで仕事を通して、成長したと思いますか。（前職も含めすべての仕事経験を通してお答えください）　　単一選択
1.　とても成長したと思う
2.　成長したと思う
3.　どちらともいえない
4.　あまり成長していないと思う
5.　まったく成長していないと思う

Q19　どのような経験が成長につながったか、それぞれ回答してください。【任意回答】　　単一選択
項目リスト
Q19－　1.　社内で研修や教育を受けたことで、成長することができた。
Q19－　2.　職場外で学習したことで、成長することができた。
Q19－　3.　社内に目標にできる人がいたので、成長することができた。
Q19－　4.　上司から仕事の助言を得られたので、成長することができた。
Q19－　5.　ゼロから仕事を立ち上げる経験をしたので、成長することができた。
Q19－　6.　教育・指導する相手ができたので、成長することができた。
Q19－　7.　責任のある役割を与えられたので、成長することができた。
Q19－　8.　仕事にやりがい・意義を感じたので、成長することができた。
Q19－　9.　大きな失敗を乗り越えたことで、成長することができた。
Q19－ 10.　職場の雰囲気が良かったので、成長することができた。
Q19－ 11.　転職や部署異動による環境の変化があったので、成長することができた。

選択肢リスト
1.　とてもそう思う
2.　ややそう思う
3.　どちらともいえない
4.　あまりそう思わない
5.　まったくそう思わない

Q20　あなたの成長を促したもっとも重要な経験は、どのような経験ですか。　　自由記述
　　　具体的に記述してください。【任意回答】

Q21　あなたは、自分の働き方（職種や業務）を自分で決めたいと思いますか。　　単一選択
1.　とてもそう思う
2.　ややそう思う
3.　どちらともいえない
4.　あまりそう思わない
5.　まったくそう思わない

Q22　あなたが望む働き方は、A側・B側のどちらにより近いか、当てはまるものを選択肢の中から選んでください。　　単一選択
項目リスト
Q22－　1.　【A】常に新しいことに挑戦するような刺激の多い環境で仕事をすること
　　　　　　【B】葛藤やストレスの無い心穏やかな環境で仕事をすること
Q22－　2.　【A】現状に満足せず常に変化を求め、困難な課題に臨むこと
　　　　　　【B】経済的な安定を得て、安心して仕事や家庭生活を続けること
Q22－　3.　【A】独自性にこだわって、自分にしかできないことを実現すること
　　　　　　【B】仲間と協力し合って、ひとつの目標に向かうこと
Q22－　4.　【A】働き方を自分の裁量で自由に決められること
　　　　　　【B】周囲の人と影響し合いながら組織の中で力を発揮すること
Q22－　5.　【A】組織のメンバーに戦略や指示を与えて業績をあげること
　　　　　　【B】常に知識や技能に磨きをかけ自分の専門分野をきわめること
Q22－　6.　【A】高い地位や大きな権限を持ち、それに見合った報酬を得ること
　　　　　　【B】弱者の救済やより良い社会の実現のために力を尽くすこと

選択肢リスト
1.　Aの方がよく当てはまる
2.　どちらかといえばAの方が当てはまる
3.　どちらかといえばBの方が当てはまる
4.　Bの方がよく当てはまる

ジョブ型雇用とメンバーシップ型雇用について、お答えください。ジョブ型雇用、メンバーシップ雇用は次のようなものとします。
A：ジョブ型雇用は、業務範囲が明確で、業務成果で給与が決まる
B：メンバーシップ型雇用は、業務範囲は流動的で、勤続年数や年齢によって給与が決まる

| Q23 | あなたの会社は、どちらの雇用形態をとっていると思いますか。 | 単一選択 |

【A】ジョブ型雇用
【B】メンバーシップ型雇用

選択肢リスト
1. Aの方がよく当てはまる
2. どちらかといえばAの方が当てはまる
3. どちらかといえばBの方が当てはまる
4. Bの方がよく当てはまる

| Q24 | あなたは、ジョブ型雇用とメンバーシップ型雇用のどちらの雇用形態を希望しますか。 A：ジョブ型雇用は、業務範囲が明確で、業務成果で給与が決まる B：メンバーシップ型雇用は、業務範囲は流動的で、勤続年数や年齢によって給与が決まる | 単一選択 |

【A】ジョブ型雇用
【B】メンバーシップ型雇用

選択肢リスト
1. Aの方がよく当てはまる
2. どちらかといえばAの方が当てはまる
3. どちらかといえばBの方が当てはまる
4. Bの方がよく当てはまる

| Q25 | あなたの一日の勤務時間（残業時間を含む）をお答えください。 ※時期によってブレがある方は、1年間の平均をお考えください。 | 単一選択 |

1. 5時間以下
2. 6時間程度
3. 7時間程度
4. 8時間程度
5. 9時間程度
6. 10時間程度
7. 11時間程度
8. 12時間程度
9. 13時間以上

| Q26 | あなたの職場ではテレワークの制度が導入されていますか。また、あなたは、その制度の対象者ですか。 | 単一選択 |

1. 制度として導入されていて、自分に適用されている
2. 制度として導入されていて、自分に適用されていた（いまは適用されていない）
3. 制度として導入されているが、自分に適用されたことはない
4. 制度として導入されていない
5. わからない

| Q27 | あなたは、1週間あたり「終日」テレワークで勤務した日数は、おおよそどれくらいありましたか。 ※今はテレワークを適用されていない方は、適用されていた時期をお考えください。 | 単一選択 |

1. テレワークはない・ほとんどない
2. 1日
3. 2日
4. 3日

Q28	あなたは社会人になってから転職したことはありますか。	単一選択

1. 0回（転職したことはない）
2. 1回
3. 2回
4. 3回
5. 4回
6. 5回
7. 6回以上

Q29	いま転職をしたいと思っていますか。	単一選択

1. とてもそう思う
2. ややそう思う
3. どちらともいえない
4. あまりそう思わない
5. まったくそう思わない

Q30	転職したいと思う理由をすべて選んでください。【任意回答】	複数選択

1. ほかにやりたい仕事がある
2. 専門知識・技術力を習得したい
3. 会社の将来が不安
4. 社員を育てる環境がない
5. 意見が言いにくい
6. 昇給が望めない
7. 給料に不満がある
8. 会社の評価方法に不満がある
9. 残業が多い・休日が少ない
10. 人間関係がうまくいかない
11. 結婚・出産・育児のため
12. 肉体的・精神的につらい
13. 倒産/リストラ/契約期間の満了
14. その他【FA】

おわりに

　本書では、タイトルにあるとおり、企業人の働き方志向・仕事能力・学び行動について取り上げました。働き方志向は、ジョブ型雇用かメンバーシップ型雇用か。仕事能力は、リテラシー・コンピテンシー（認知・非認知能力）、仕事評価や仕事満足度。学び行動は、学習そのものとそれを活用・共有する行動の両方に注目しています。4000人の方々の調査協力によって得られた貴重なデータの分析でこれらの関連を解明し、企業の経営や人事に携わる読者の皆様に、ジョブ型雇用への処方箋を示すことができたと思います。

　一方で、今回の調査で得られた豊富なデータをあらゆる角度で分析してこの白書に盛り込むことは難しく、以下の2点は今後の課題として取り組みたいと考えています。

　まず1点目は非正規社員にフォーカスした分析です。今回は第10章でごく一部を取り上げるにとどまりましたが、今後、雇用制度や雇用形態、個人のキャリア観や働き方志向がますます多様化していく社会に、非正規社員の分析は重要な示唆を与えてくれると予想しています。

　2点目は、職業志向（およびそれを利用した人材ポートフォリオ）に着目した分析です。この白書では、働き方志向に関する分析は「ジョブ型／メンバーシップ型」を主軸に置き、社会人版PROG「PROG-@WORK」で測定している職業志向分類である「変化・安定」「自立・組織」「地位・専心」の軸を補助的に加えています。後者を主軸としたより詳細な分析を行えば、また新たな知見が得られる期待があります。

　最後に、紙面では提供できなかったさまざまなクロス集計結果は、追ってリアセック　キャリア総合研究所からデータアーカイブとして提供予定です。そちらもご活用いただければ幸いです。

『PROG 白書2024』を編集するにあたり
次のプロジェクトメンバーが参加しました。

プロジェクトメンバー

主査　　角方　正幸（リアセックキャリア総合研究所　所長）
　　　　松村　直樹（ピックアンドミックス　代表取締役社長）
　　　　平田　史昭（株式会社リアセック　代表取締役 CEO）
　　　　武藤　浩子（早稲田大学　非常勤講師）
　　　　中込　　洋（リアセックキャリア総合研究所　研究員）
　　　　五十嵐雄一（リアセックキャリア総合研究所　研究員）
　　　　平林　夏生（リアセックキャリア総合研究所　研究員）

アドバイザー
　　　　石原　直子（株式会社エクサウィザーズ
　　　　　　　　　　はたらく AI & DX 研究所　所長）
　　　　岩脇　千裕（独立行政法人労働政策研究・研修機構　主任研究員）
　　　　濱中　淳子（早稲田大学教育・総合科学学術院　教授）

協力スタッフ
　　　　根村かやの（編集者・研修プランナー　フリーランス）
　　　　式田　武純（リアセックキャリア総合研究所　研究員）

協力　　学校法人河合塾
　　　　株式会社 KEI アドバンス

PROG 白書2024

——ジョブ型雇用への処方箋：
　企業人4000人の働き方志向・仕事能力・学び行動調査——

2024年7月10日　初版第1刷発行

監修者　　　リアセックキャリア総合研究所
編著者　　　PROG 白書プロジェクト
発行人　　　鈴木　宣昭
発行所　　　学事出版株式会社
　　　　　　〒101-0051　東京都千代田区神田神保町 1-2-5
　　　　　　電話　03-3518-9655　HP アドレス　https://www.gakuji.co.jp
編集担当　　二井　豪
デザイン　　三浦正已
印刷・製本　精文堂印刷株式会社